Agaporniden

vital & farbenfroh

> Autorin: Alexandra Broich | Fotos: Oliver Giel

W0338682

Inhalt

Wohlfühl-Heim

Fit-und-gesund-Programm

Kennenlern-Programm

Beschäftigungs-Programm

Anhang

Wohlfühl-Heim

Das sind Agaporniden

Frech, streitlustig, laut, zerstörerisch, neugierig, verspielt, besorgt und zärtlich – all das sind Unzertrennliche oder Agaporniden, wie sie nach ihrem wissenschaftlichen Namen *Agapornidae* auch heißen. Die »Zwergpapageien« haben daher als Zier- und Volierenvögel viele treue Fans.

Unzertrennliche wie dieses Erdbeerköpfchen sind geschickte Flieger. Sie wollen auch im Käfig ihre Flügel gebrauchen.

Out of Africa

Von der Wissenschaft werden Agaporniden in neun Arten eingeteilt, die sich in Aussehen und Verhaltensweisen unterscheiden. Auch leben sie in unterschiedlichen Verbreitungsgebieten.

Unzertrennliche lassen sich in zwei Gruppen einteilen:

- Zu den Arten mit weißem Augenring gehören Schwarz-, Pfirsich-, Ruß- und Erdbeerköpfchen.
- Keinen Augenring besitzen Rosenköpfchen, Grauköpfchen, Taranta-Unzertrennliche (Bergpapageien), Orange- und Grünköpfchen.

Ihre Heimat sind verschiedene Länder Afrikas, nur Grauköpfchen leben auf Madagaskar und den umliegenden Inseln. Schwarzköpfchen bewohnen das Savannenland Zentral- und Nordosttansanias. Pfirsichköpfchen besitzen mit Nordwesttansania, Ruanda und Burundi ein ähnliches Verbreitungsgebiet. Waren die Gebiete dieser Arten früher streng getrennt, beginnen die Tiere jetzt, sich zu kreuzen, was auch in der

Schwarzköpfchen wollen wie alle Agaporniden immer paarweise leben. Sie haben großes Bedürfnis nach Sozialkontakt.

Natur zu Mischlingen zwischen beiden Arten führt. Rußköpfchen stammen aus Namibia, Sambia, Zimbabwe und Botswana. Sie sind wie die Erdbeerköpfchen aus Tansania, Mosambik und Sambia in ihrem Bestand gefährdet. Auch von Ruß- und Erdbeerköpfchen gibt es Mischlingspopulationen. Rosenköpfchen bewohnen trockene und bergige Buschregionen an der Westküste Südafrikas (Angola, Namibia, Botswana), Bergpapageien leben im Hochland Äthiopiens in offenen Waldgebieten. Orangeköpfchen findet man im gesamten Zentralafrika in dicht bewachsenen und offenen Savannen.

Grünköpfchen leben in den Waldgebieten West- und Zentralafrikas in den Wipfeln der Bäume. Ihr Bestand gilt als gefährdet.

Lebensweise: Agaporniden leben in Schwärmen, brüten teils in Kolonien, teils paarweise. Pärchen bleiben ein Leben lang zusammen. Sie nisten in Baumhöhlen, Felsnischen oder Nischen in Gebäuden, in Gemeinschaftsnestern von Webervögeln oder in Termitenhügeln.

Aussehen und Statur

Klein, kurzer Schwanz, runde Köpfchen mit großen Augen – Unzertrennliche sind niedlich anzuschauen! Die Grundfarbe der Agaporniden ist grün mit farblich abgesetzter Kopfmaske. Während die Schnäbel der Rosen- und Grauköpfchen stets hornfarben sind, besitzen alle Augenring-Agaporniden, Tarantas und Orangeköpfchen einen roten Schnabel. Zusätzlich zur Wildfarbe sind durch Zucht bei einigen Arten viele verschiedene Farbschläge entstanden (→ Seite 10).

TIPP

Typisch Agaporniden

- Nie allein: Agaporniden sind im wahrsten Sinn des Wortes unzertrennlich. Einzelhaltung kommt daher auf keinen Fall in Frage. Gruppenhaltung ist eine feine Sache – aber auch die immer paarweise!
- Bitte fliegen lassen! Agaporniden sind geschickte Flieger. Sie brauchen viel Bewegung. Deshalb benötigen im Käfig lebende Vögel regelmäßig Freiflug.
- Eigener Nachwuchs: Für Unzertrennliche als Höhlenbrüter fällt beim Angebot von Nistkästen, Höhlen oder Nischen sofort der Startschuss zum Brüten!

Die richtige Wahl

Menschen lieben Papageien aufgrund ihrer Farbenpracht, ihres Temperaments, ihrer Fähigkeit, Stimmen und Laute zu imitieren, und weil sie sich ihrem Pfleger eng anschließen können. Da nicht jeder die Möglichkeiten besitzt, zwei großen Papageien ein artgerechtes Zuhause zu bieten, sind Agaporniden – Zwergpapageien – oft eine echte Alternative.

Warum Agaporniden?

Bezüglich Farbenpracht und Temperament sind Agaporniden unschlagbar. Sprechen lernen sie allerdings nicht. Auch mit der Zahmheit ist es nicht so weit her wie bei manchen Papageien, denn ein Partner der eigenen Art ist ihnen lieber als ein Mensch. Unzertrennliche benötigen nicht ganz so viel Platz wie ihre großen Kollegen. In einer Zimmervoliere und beim Freiflug in der Wohnung bieten sie ein Schauspiel an Flug- und Kletterkunst und zeigen sich sehr spielfreudig. Als »Liebesvögel« demonstrieren sie zudem, was es heißt, jeden Tag 24 Stunden lang füreinander da zu sein.

Gibst du mir etwas von der Kolbenhirse ab? Nicht immer dürfen fremde Vögel an Leckerbissen teilhaben.

Besonderheiten der Arten

Rosenköpfchen, Schwarz- und Pfirsichköpfchen gelten als robust und leicht zu halten, sowohl im Käfig als auch in der Voliere. Sie werden in großer Zahl nachgezüchtet und sind auch für Einsteiger in der Vogelhaltung geeignet. Bei den vielen Farbschlägen, die unterdessen entstanden sind, ist bestimmt für jeden Geschmack das Richtige dabei. So gibt es neben den wildfarbenen Tieren auch blaue, gelbe, gescheckte, mauve- und zimtfarbene und sogar violette Vögel.
Rosen-, Schwarz- und Pfirsichköpfchen gleichen sich in Statur, Lautstärke und Temperament. Für welche Art man sich als Einsteiger ent-

scheidet, ist demnach reine Geschmacksache.
Bei ausreichendem Platz lassen sich diese Arten in kleinen Schwärmen halten. Beim Kauf sollten die Pärchen aber aus Vögeln der gleichen Art bestehen (Artenschutz, → Seite 13). Von der Vergesellschaftung mit anderen Vogelarten ist bei ihnen wegen ihrer Streitsucht abzuraten!
Ruß- und Erdbeerköpfchen gehören zu den nicht ganz so häufig nachgezogenen Agaporniden. Bei Züchtern und Haltern scheinen sie nicht so beliebt zu sein wie die drei erstgenannten Unzertrennlichen, möglicherweise weil es von diesen beiden Arten bislang nur wenige Farbvarianten gibt. Dabei besitzen sie einige nicht zu unterschätzende Vorteile, so die etwas leisere Stimme und die höhere Friedfertigkeit.
Ruß- und Erdbeerköpfchen stellen ähnliche Anforderungen wie Rosen-, Schwarz- und Pfirsichköpfchen. Ihre Haltung ist daher theoretisch auch für Anfänger möglich. Es sollte jedoch bedacht werden, dass für die scheueren Erdbeerköpfchen nur Volierenhaltung in Frage kommt und dass ihre Nachzucht meist nur erfahrenen Züchtern gelingt. Die Volieren-Gemeinschaftshaltung mit anderen Kleinvögeln und Sittichen funktioniert bei Ruß- und Erdbeerköpfchen oft gut.
Grauköpfchen, Orangeköpfchen und Tarantas stellen höhere Anforderungen an den Pfleger. Sie sind viel scheuer und lassen sich nicht im Zimmer halten. Orangeköpfchen sind zudem schwer zu ernähren und selbst bei Züchtern nicht oft zu bekommen. Die Nachzucht der drei Arten gelingt nur spezialisierten Züchtern. Dem Einsteiger in der Vogelhaltung sind diese Agaporniden-Arten daher nicht zu empfehlen.
Grünköpfchen ließen sich bislang in Gefangenschaft nicht halten, weshalb auf weitere Versuche, diese Vögel zu importieren, verzichtet wird.

Sind Sie ein Agaporniden-Mensch?

	Ja	Nein
1. Können Sie mit Futterresten, Kot und Federstaub in der Wohnung leben?	☐	☐
2. Agaporniden-Gezwitscher ist durchdringend. Haben Sie das mit Ihren Nachbarn geklärt?	☐	☐
3. Stört es Sie nicht, dass Unzertrennliche beim Freiflug gern Möbel und Tapeten verschönern?	☐	☐
4. Haben Sie bedacht, dass Agaporniden bis 20 Jahre alt werden können und so lang versorgt sein wollen?	☐	☐
5. Nie sterben beide Vögel eines Pärchens zur gleichen Zeit. Einen neuen Partner zu finden, kostet Zeit und Mühe und ist umso schwieriger, je seltener die Agaporniden-Art ist. Ist Ihnen das bewusst?	☐	☐
6. Haben Sie bedacht, dass die laufenden Kosten wie Käfig, Futter, Einstreu oder Tierarzt den Anschaffungspreis der Vögel übersteigen?	☐	☐

Wenn Sie alle Fragen mit Ja beantwortet haben, sind Sie der richtige Typ für Unzertrennliche. Schon bei 2 mit Nein beantworteten Fragen sollten Sie sich überlegen, ob ein anderes Heimtier nicht besser wäre für Sie.

Unzertrennliche im Porträt

Die bei uns erhältlichen Agaporniden-Arten bezaubern durch ihr nettes Aussehen und ihr keckes Wesen. Durch Züchtung gibt es bereits viele weitere hübsche Farbschläge.

Orangemasken-Rosenköpfchen, zimt (Mitte) und oliv (rechts und links): Bei diesen Mutationen, die seit etwa zehn Jahren bekannt sind, ist die ursrpünglich rote Gesichtsmaske gelborange. Im Lauf der Zeit haben die Züchter bei den Rosenköpfchen die meisten Farbvarianten herausgebildet.

Rosenköpfchen wildfarben: Kennzeichen der größten Agaporniden-Art sind die rote Maske und das Hellblau an Bürzel und Oberschwanzdecken. Männchen und Weibchen sind gleich gefärbt.

Pfirsichköpfchen wildfarben: Mit intensivem Rotorange an Kopf und Kehle und grünem Körper. Männchen und Weibchen sind gleich gefärbt.

Schwarzköpfchen wildfarben: Überwiegend grün gefärbt mit schwarzem Kopf und gelber Brust. Männchen und Weibchen sind gleich gefärbt.

Blaue Schwarzköpfchen: Im Vergleich zur Wildfarbe sind die gelben Federn weiß, die grünen blau bis türkis. Die Mutation gibt es seit 1927.

Rußköpfchen wildfarben: Kennzeichen sind der braune Kopf mit orangefarbener Kehle und der grüne Bürzel. Männchen und Weibchen sind gleich gefärbt.

Orangeköpfchen wildfarben: Männchen (links) mit intensiverer orangefarbener Maske als Weibchen (rechts) und mit schwarzen Unterflügeldecken.

Augen auf beim Kauf

Ist die Wahl auf Unzertrennliche als Mitbewohner gefallen, so stellt sich als Nächstes die Frage: »Wo kaufen?«

Nie allein

Unzertrennliche benötigen einen Partnervogel so nötig wie die Luft zum Atmen. Al-

Neugierig: Pfirsichköpfchen nagen auch an ihnen unbekannten Pflanzen.

lein gehalten, entwickeln die Tiere Verhaltensstörungen wie Aggressivität, Schreien, Federrupfen oder dauerndes Eierlegen. Es muss also ein Pärchen sein, das ist klar. Wie findet man aber so ein Dream-Team, das den Rest seines Lebens glücklich zusammen verbringt?

Das ideale Pärchen besteht aus Hahn und Henne der gleichen Art. Denn nur dann ist eine reibungslose Kommunikation zwischen den Partnern gewährleistet – eine der Voraussetzungen für ein harmonisches Miteinander. Gleichgeschlechtliche Vögel können sich zwar arrangieren, aber oftmals enden solche Gemeinschaften früher oder später in Streitereien, vor allem, wenn es sich um Weibchen handelt, die recht zänkisch sind (→ Seite 28).

Das Geschlecht bestimmen

Bei Orange- und Grauköpfchen sowie Bergpapageien unterscheiden sich Männchen und Weibchen optisch, bei Rosen-, Schwarz-, Pfirsich-, Ruß- und Erdbeerköpfchen sind sie gleich gefärbt.

➤ Die einzig sichere Methode zur Geschlechtsbestimmung ist die Untersuchung der Erbsubstanz (DNA-Analyse). Dafür benötigt der Tierarzt bzw. ein Labor Federmaterial oder einen Blutstropfen.

➤ Geschlechtsabhängige Verhaltensmerkmale (→ Seite 27) wie Füttern, Begatten eines Partnervogels oder Sammeln von Nistmaterial geben

TIPP

Das richtige Alter beim Kauf

Unzertrennliche sind bereits ab einem Alter von etwa acht Wochen selbstständig und können dann von ihren Eltern getrennt werden.

➤ Die in diesem Alter auftretenden Jugendfreundschaften sind selten stabil. Deshalb sollten Sie solche »Pärchen« nicht kaufen.

➤ Erst ab einem Alter von etwa sechs bis neun Monaten – mit Beginn der Geschlechtsreife – suchen die meisten Unzertrennlichen ernsthaft den Partner fürs Leben. Solche Pärchen eignen sich gut für den Kauf.

Mach mal Platz! Leckerbissen lässt sich kein Vogel entgehen. Aber unter Schwarmkollegen gibt es deshalb keinen Streit.

Hinweise, jedoch keine hundertprozentige Sicherheit. Um solches Verhalten richtig deuten zu können, braucht man neben Erfahrung andere Pärchen zum Vergleich.

➤ Beinstellung, Schwanz- oder Kopfform und der Beckentest (hierbei werden die Beckenknochen abgetastet) sind keine Kriterien für die sichere Bestimmung.

Agaporniden und Recht

Alle Unzertrennlichen stehen auf Anhang II des Washingtoner Artenschutzübereinkommens (WA). Die Europäische Artenschutzverordnung und die Bundesartenschutzverordnung (BArtSchV) setzen das WA in nationales Recht um. Demnach gilt:

➤ Alle Agapornidenarten stehen auf Anhang B der EU-Artenschutzverordnung. Ihre Ein- und Ausfuhr muss genehmigt werden.

➤ Pfirsich-, Ruß-, Schwarz-, Rosenköpfchen und Bergpapagei stehen in Anlage 5 der BArtSchV, d. h., Meldepflicht und Herkunftsnachweis sind nicht erforderlich.

➤ Für Erdbeer-, Orange- und Grauköpfchen benötigen Sie eine Meldebescheinigung und den Herkunftsnachweis.

CHECKLISTE

Beim Kauf beachten

- ✔ Gesunde Vögel zeigen aufmerksames Wesen, Lebhaftigkeit und glattes Gefieder.
- ✔ Nur Tiere, die eng nebeneinander sitzen und sich kraulen, gehören zusammen. Nie feste Pärchen trennen oder zwei sich fremde Tiere zwangsverpaaren.
- ✔ Aus Sicht des Artenschutzes (Mischlingsproblematik) nur Vögel gleicher Art kaufen.
- ✔ In der Zoohandlung sind Unzertrennliche oft leise und schüchtern. Informieren Sie sich vor dem Kauf über den echten Geräuschpegel!
- ✔ Wenn der Platz es erlaubt, schaffen Sie sich zwei Pärchen an. So kommt weniger Langeweile auf.

Wohlfühl-Ausstattung

Agaporniden können Sie sowohl drinnen als auch draußen halten. Jedoch ist nicht jede Behausung geeignet.

Der vogelgerechte Käfig

Größe: Vogelkäfige sind nie zu groß, oft aber zu klein. Die Vögel müssen darin wenigstens eine kurze Strecke von Ast zu Ast fliegen können, ohne mit den Flügeln anzustoßen. Ein Käfig zur Unterbringung von ein bis maximal zwei Pärchen sollte deshalb eine Mindestbreite von einem Meter (bei etwa 0,80 bis 1,50 Meter Höhe) nicht unterschreiten. Grundsätzlich ist die größere Breite des Käfigs wichtiger als dessen Höhe! Die Tiefe sollte mindestens 60 Zentimeter betragen.
Größere Käfige bzw. Volieren als die des Fachhandels bekommen Sie bei spezialisierten Volierenbauern oder Sie bauen sie selbst.
Bitte verzichten Sie aus Gründen des Tierschutzes ganz auf Rundkäfige. Sie bieten den Vögeln keinerlei Orientierungsmöglichkeit.
Material: Da Agaporniden mit ihren kräftigen Schnäbeln gern nagen, muss die Behausung stabil sein. Am besten eignen sich daher Käfige und Volieren ganz aus unbeschichtetem Metall. Sie lassen sich zudem leicht reinigen.
Bei Käfigbauten mit Holz sollte man beachten, dass sämtliche für die Vögel erreichbaren Holzteile mit Metallleisten verkleidet werden.
Weniger bedeutsam ist für die Vögel der Verlauf der Käfiggitter. Stimmt der Abstand der Gitterstäbe mit maximal 16 Millimetern, dann ist es egal, ob die Stäbe waagerecht oder senkrecht verlaufen. Unzertrennliche sind Akrobaten, die auch senkrecht verlaufende Stäbe für sich nutzen.

Auch mit einem Blatt kann sich das Pfirsichköpfchen die Zeit vertreiben.

TIPP

Der richtige Standort des Käfigs

- Ein heller Platz am Fenster ist ideal, direkte Sonneneinstrahlung sollte jedoch vermieden werden.
- Der Käfig sollte auf einem Tisch oder Schrank stehen, so dass sich die Vögel etwas über Augenhöhe ihres Pflegers aufhalten können.
- Die Küche ist wegen des Kochdunstes und giftiger Ausdünstungen z. B. von Teflonpfannen tabu.
- Laute oder helle Räume, in denen die Vögel nie zur Ruhe kommen, Räume mit Zugluft oder in denen geraucht wird, sind ungeeignet.

Achten Sie beim Kauf darauf, dass der Käfig genügend große und kleine Türen besitzt, durch die Sie alle Stellen in der Behausung leicht erreichen können.

Die Inneneinrichtung

Sitzgelegenheiten: Dafür bieten Sie den Vögeln am besten Naturzweige an. Sie sorgen durch ihre unterschiedlichen Durchmesser und Formen für Fußgymnastik, sind gesund für den Bewegungsapparat und bieten durch Rinde, Blätter, Knospen und Blüten eine tolle Beschäftigung. Für Agaporniden geeignet sind z. B. ungespritzte Zweige von Weide, Birke, Ahorn, Linde, Buche, Haselnuss und Obstbäumen. Befestigen Sie die Sitzäste nicht starr am Käfiggitter, sondern so, dass sie federn und dem Gewicht der Vögel nachgeben können. Im Zoofachhandel gibt es entsprechende Halterungen. Aufgrund des starken Nagetriebs der Vögel müssen die Sitzstangen einmal pro Woche erneuert werden. Neben Naturzweigen sind auch Schaukeln, Ringe, Leitern und Seile aus Baumwolle oder Hanf als Sitzgelegenheiten bestens geeignet.

> *Um an einen begehrten Leckerbissen zu kommen, werden Unzertrennliche wie dieses Rosenköpfchen zu Akrobaten.*

Schlafhäuschen: Um den Vögeln einen Rückzugsort zu schaffen, bringen Sie in Käfig oder Voliere Schlafhäuschen an. Sie unterscheiden sich von den rundum geschlossenen Nistkästen durch die fehlende Vorderfront. Anders als Nistkästen animieren die Schlafhäuschen die Unzertrennlichen nicht zur Brut.
Auch mit Schlafbrettchen bieten Sie den Vögeln Geborgenheit. Befestigen Sie diese in den Ecken oder an den Seiten des Käfigs oder der Voliere.

Als Grundregel gilt, dass immer mehr Schlafhäuschen bzw. Sitzbrettchen als Paare im Vogelheim vorhanden sein sollten, um Streitigkeiten und Rangordnungskämpfe unter den Vögeln zu vermeiden.

Futter- und Wassernapf: In den Käfig oder die Voliere gehören mehrere Futternäpfe und ein Wassernapf. Näpfe aus Keramik oder Edelstahl sind robust und lassen sich gut reinigen. Je größer der Durchmesser des Futternapfs, desto leichter gelangen die Vögel an Saaten, die sich weiter unten befinden. Die Näpfe nie unter Sitzstangen stellen, damit kein Kot hineinfällt. Von Futterautomaten bzw. Futterspendern und Trinkröhrchen rate ich ab. Futterspender verstopfen leicht, so dass neue Körner nicht nachrutschen können. Die durchsichtigen Röhrchen, in denen sich das Futter bzw. das Wasser befindet, sind vor allem während der warmen Jahreszeit eine Brutstätte für Bakterien und Algen.

> *Im offenen Schlafhäuschen fühlt sich das Pfirsichköpfchen geborgen.*

Das Vogelbad: Eine Badegelegenheit darf bei den Unzertrennlichen nicht fehlen. Ihrem Badeverhalten kommt dabei eine flache Tonschale, die man auf dem Boden oder auf einem Baumstumpf oder Ähnlichem aufstellt, am ehesten entgegen. Viele Vögel lieben es auch, mit einer Blumenspritze abgeduscht zu werden oder sich in einem nassen Salatblatt zu baden. Geschlossene Badehäuschen, die von außen an die Käfigtür gehängt werden, sind für Agaporniden weniger geeignet (→ Seite 26).

Die Einstreu

Ob im Käfig oder in der Voliere, bei der Einstreu hat man die Wahl zwischen Vogelsand verschiedener Körnung und Buchenholzgranulat. Während Letzteres ergiebiger und saugfähiger ist, enthält der Vogelsand auch lebenswichtige Mineralstoffe und Magensteinchen (Grit), die die Vögel für die Verdauung des Körnerfutters benötigen. Entscheiden Sie sich für Buchenholzgranulat als Einstreu, sollten Sie Grit immer in einem Extra-Napf reichen.

Die Beleuchtung

Licht steuert den Lebensrhythmus, den Hormonhaushalt, den Stoffwechsel und regt das Immunsystem an. Im Gegensatz zu unseren Augen sind Vogelaugen sogar in der Lage, den UV-Anteil des Sonnenlichts wahrzunehmen. Wird der UV-Anteil aus dem Licht herausgefiltert (z. B. durch Fensterglas), so verändert sich die Umwelt des Vogels: Umgebung, Futter, Artgenossen erscheinen in falschen Farben.

Für Tiere, die ausschließlich in der Wohnung gehalten werden – egal, ob im Käfig oder in der Zimmervoliere –, haben sich deshalb so genannte Tageslichtlampen bewährt, die das Spektrum

des natürlichen Sonnenlichts zur Verfügung stellen.
Diese Lampen benötigen spezielle Vorschaltgeräte, die dafür sorgen, dass auch das hoch auflösende Vogelauge durch keinerlei Flackern gestört wird. Tageslichtlampen für Vögel, passende Fassungen und Vorschaltgeräte erhalten Sie im Zoofachgeschäft oder Elektrohandel.

Haltung im Freien

Grundsätzlich können Sie Agaporniden ganzjährig in großen Gartenvolieren halten, vor allem bei Schwarmhaltung. Dies ist für die Vögel sicherlich die reizvollste Variante. Voraussetzung für die artgerechte Haltung im Freien ist, dass die Voliere direkt an einen Schutzraum anschließt, der im Winter frostfrei bei mindestens +5 °C gehalten werden kann, der im Sommer vor Wind, Regen und Hitze schützt und den die Vögel selbstständig jederzeit aufsuchen können. Eine Voliere sollte abseits der Straße in einem geschützten Teil des Gartens liegen.
Noch mehr als bei Innenhaltung ist bei Freilandhaltung auf Stabilität der Behausung zu achten. Die Volierenanlage muss gleichermaßen aus- wie einbruchsicher sein, damit die Vögel nicht entweichen können und Raubtiere wie Marder oder Katzen keine Chance auf Beute haben.
Volierenbau: Informieren Sie sich vor dem Errichten einer Außenvoliere, ob beim geplanten Standort, bei der geplanten Größe und Bauart des Schutzhauses eine Baugenehmigung erforderlich ist. Sprechen Sie Ihr Vorhaben auch mit den Nachbarn ab, damit es hinterher keine Beschwerden wegen der hohen Lärmbelästigung gibt.

Nicht immer geht es bei drei verschiedenen Arten am Futter so friedlich zu.

CHECKLISTE

Das gehört nicht in den Käfig

- ✔ Zu viel »Einrichtung« stört die Vögel beim Fliegen.
- ✔ Wenn Sie nicht züchten wollen oder nicht dürfen (→ Seite 32), verzichten Sie auf Höhlen, denn sie animieren zur Eiablage und Brut.
- ✔ Spiegel, Plastikvögel oder Glöckchen sind kein Ersatz für den Vogelpartner und tierschutzwidrig. Plastikstückchen können die Vögel zudem verschlucken.
- ✔ Hartholz- und Plastikstangen sowie Sandpapierüberzüge verursachen Sohlengeschwüre und Gelenkbeschwerden.
- ✔ Topfpflanzen werden von den Vögeln zerlegt, können zudem auch giftig sein.

Fragen rund um Auswahl und richtige Haltung

? Muss man Agaporniden unbedingt paarweise halten?

Ja, auf jeden Fall! Ein Mensch kann niemals einen arteigenen Partner auch nur annähernd ersetzen. Die Beziehung zwischen einem einzeln gehaltenen Vogel und dem Menschen entsteht nicht freiwillig, sondern aus Mangel an einer Alternative. Dies gilt aber nicht nur für die Unzertrennlichen, sondern für alle Tiere, die natürlicherweise in Gruppen oder mit einem festen Partner zusammenleben. Halten Sie ein gesellig lebendes Tier einzeln ohne artgleichen Partner, nehmen Sie ihm das Recht auf arteigene Kommunikation. Die Tiere reagieren darauf meist mit Verhaltensstörungen wie Aggressivität, übersteigertes Eierlegen, Füttern und Begatten von Ersatzobjekten oder im schlimmsten Fall mit Federrupfen oder gar Selbstverstümmelung.

? Werden paarweise gehaltene Agaporniden überhaupt zahm?

Ob und wie zahm Vögel werden, hängt von vielen Faktoren ab: wie die Tiere aufgewachsen sind, mit oder ohne Kontakt zum Menschen, wie viel man sich mit ihnen beschäftigt, ob man »nur« zwei Vögel hält oder einen ganzen Schwarm etc. Letztlich liegt es auch am Temperament jedes einzelnen Vogels, ob er sich aus freien Stücken dem Menschen nähern möchte oder nicht. Ob und wie schnell Vögel zahm werden und wie groß der Grad der Zahmheit sein wird, weiß man also vorher nie – jeder Vogel ist nun mal anders veranlagt. Ein wirklicher Liebhaber der Tiere wird aber auch zufrieden sein, wenn er nur Zuschauer beim innigen Liebesleben seiner Vögel ist.

? Wie erkenne ich das Alter eines Pärchens?

Alle Agaporniden müssen nach der Psittakose-Verordnung beringt sein. In Gefangenschaft geschlüpfte Vögel bekommen in einem be-

Zweige mit Beeren – wie hier die des Weißdorns – bereichern den Speiseplan.

stimmten Alter geschlossene oder offene Fußringe. Während bei geschlossenen Ringen die Jahreszahl des Schlupfes vermerkt ist, kann man bei offenen Ringen das Alter nicht mit Sicherheit sagen. Nur ganz junge Vögel erkennt man dann an ihrer blasseren Färbung und bei Rosenköpfchen an der noch dunklen Schnabelbasis. Das Alter erwachsener Tiere lässt sich aufgrund ihres Aussehens nicht schätzen.

? Einer der Vögel meines Pärchens ist gestorben. Was soll ich tun?

Stirbt ein Paarpartner, so stirbt der verbleibende Vogel nicht, wie oft angenommen, kurz darauf. Er trauert aber und ruft, und deshalb ist es wichtig, dass er schnellstmöglich einen neuen Partner bekommt. Dieser sollte der gleichen Art angehören und das passende Gegengeschlecht besitzen. Das Alter des neu hinzukommenden Vogels ist erst einmal zweitrangig, Hauptsache, die beiden Tiere verstehen sich! Kennen Sie das Geschlecht des überlebenden Vogels nicht, können Sie versuchen, einen Züchter oder eine Papageien-Auffangstation zu finden, wo sich der Single-Vogel in einer Voliere mit Artgenossen seinen neuen Partner selbst aussuchen kann (→ auch Seite 25).

? Nach dem Tod des Partners haben wir für den Vogel einen neuen Partner gekauft, doch der Neue wird nur gejagt, kuscheln sieht man beide nie. Was sollen wir tun?

In der Anfangsphase ist es ganz normal, dass der alteingesessene Vogel einen neuen Vogel nicht überall in seinem Revier duldet. Dies gilt vor allem, wenn der Überlebende ein Weibchen ist; sie sind bei Agaporniden die aggressiveren Vögel. Es kann eine Weile dauern, bis sich dieses Verhalten legt – manchmal bis zu zwei Wochen. Erst danach können Sie entscheiden, ob sich die Tiere zusammentun oder nicht. Wie Sie dabei vorgehen, → Seite 25. Gänzlich falsch ist es, einen Verpaarungsversuch nach nur ein bis zwei Tagen abzubrechen, denn so schnell geht es auch bei Unzertrennlichen selten. Voraussetzung für ein erfolgreiches Gelingen ist aber wie immer, ob die Geschlechterfrage richtig gelöst wurde.

MEINE TIPPS FÜR SIE

Alexandra Broich

Wo kaufen?

- Zoofachhandel: Hier findet man Agaporniden paarweise oder in Gruppen. Achten Sie auf saubere Käfige oder Volieren und einen nicht zu hohen Besatz.
- Züchter: Gute Züchter haben saubere Anlagen, die man besichtigen kann. Sie wissen, welche Vögel als Pärchen zusammengehören. Ein Umtauschrecht, falls zwei Tiere nicht harmonieren, sollte eine Selbstverständlichkeit sein.
- Von privat: Ein Vorgespräch informiert über Alter, Zustand, Harmonie der Pärchen und die bisherigen Lebensumstände.
- Tierheim: Auch hier findet man gesunde Tiere aller Arten und Altersstufen. Leider haben nicht alle Tierheime das nötige Fachwissen über die Arten und das Verhalten von Agaporniden.
- Vogelbörse: Die Präsentation der Vögel ist oft nicht tierschutzkonform, manche der Verkäufer sind nicht vertrauenswürdig.

Kennenlern-Programm

Sanfte Eingewöhnung

Bevor Sie losgehen, um Ihre Vögel abzuholen, sollten Sie zu Hause den Käfig oder die Voliere bereits fertig eingerichtet und mit Futter und Wasser versehen bereitstellen.

Das Einfangen

In der Regel wird man als neuer Vogelhalter seine Vögel nicht selbst einfangen müssen. Die Tiere werden vom Zoohändler, Züchter oder Tierheimpersonal aus dem Verkaufskäfig oder der Voliere mittels Kescher herausgefangen. Sind mehr als zwei Vögel gemeinsam untergebracht, sollten Sie darauf achten, dass im Durcheinander des Kescherns tatsächlich die beiden Vögel ins Netz gehen, die sich vorher bei der Beobachtung als Pärchen »geoutet« haben!

Im dichten Blattwerk kann sich das Schwarzköpfchen zum Ruhen zurückziehen.

Transport ins neue Heim

Vögel aus dem Zoofachhandel oder von Züchtern werden üblicherweise in kleinen Faltschachteln aus Pappe transportiert. Dort ist es eng und dunkel, aber die Tiere sind ruhig und können sich nicht verletzen. Erwerben Sie Ihre Vögel von privat oder aus einem Tierheim, sollten Sie bei der Abholung der Tiere einen Transportkäfig parat haben. Dies ist ein kleiner und handlicher Käfig, der nur diesen einen Zweck erfüllen muss. Kleine Transportkäfige sind fast überall im Handel zu erwerben. Diese Anschaffung lohnt sich auf jeden Fall, denn

CHECKLISTE

So verlieren die Vögel ihre Scheu

- ✔ Sprechen Sie mit Ihren Vögeln, damit sie sich an den Klang Ihrer Stimme gewöhnen können.
- ✔ Verbringen Sie viel Zeit am Käfig – zuerst in einiger Entfernung, dann immer ein Stückchen näher.
- ✔ Bewegen Sie sich in der Nähe des Käfigs/der Voliere langsam und ohne Hektik, um ein erschrecktes Aufflattern der Vögel zu vermeiden.
- ✔ Bevor Sie den Raum betreten, kündigen Sie Ihr Kommen vor dem Öffnen der Tür durch Klopfen und Ansprache der Vögel an.
- ✔ Auch wenn Sie stolz auf die neuen Mitbewohner sind: Verzichten Sie in den ersten Tagen auf Besuch von Bekannten und Verwandten, die den Käfig belagern. Für die Vögel bedeuten sie nur noch mehr unbekannte Gesichter.
- ✔ Andere Haustiere sollten sich erst nach ein paar Tagen und immer unter Aufsicht dem Käfig nähern dürfen – anfangs mit einem Mindestabstand von etwa zwei Metern.
- ✔ Bieten Sie den Vögeln während des Freiflugs ein Stöckchen, später die flache Hand dar. Mit Geduld und etwas Glück lässt sich ein Vogel irgendwann darauf nieder.

1 **Kontakt aufnehmen**

Treten Sie nur so weit an den Käfig heran, dass die Vögel nicht flüchten, sondern Sie neugierig beäugen. Am günstigsten ist es, wenn die Vögel auf ihrem Lieblingsplatz sitzen, weil sie sich dort am sichersten fühlen. Sprechen Sie dabei leise und beruhigend oder pfeifen Sie einen immer gleichen Erkennungston.

2 **Den Kontakt intensivieren**

Sobald die Vögel näher ans Gitter kommen, dürfen auch Sie ein Stückchen näher rücken. Ergreifen sie auch bei sehr geringem Abstand nicht die Flucht, können Sie versuchen, ein Stück Kolbenhirse durch das Gitter zu reichen. Bieten Sie dann die Leckerbissen durch die geöffnete Käfigtür oder während des Freiflugs an.

auch in Zukunft müssen Sie einmal einen oder beide Vögel transportieren – sei es zum Tierarzt, zum Urlaubsbetreuer etc.
Werden Unzertrennliche über weitere Strecken transportiert und die Fahrt dauert länger als eine Stunde, so sollte das Transportbehältnis stabil sein (keine Pappschachtel!) und genügend Platz für etwas Futter (Kolbenhirse) und Wasser (ersatzweise ein Stück Apfel) bieten. Hierfür gibt es rundum geschlossene Versandkisten, die nur an einer Seite ein Gitter aufweisen.

Die ersten Tage im neuen Heim

Zu Hause angekommen, werden die Vögel so schnell wie möglich in den bereitstehenden Käfig eingesetzt. Am stressfreisten geschieht dies, wenn die Vögel selbstständig aus ihrem Transportbehältnis in den Käfig umsteigen können. Dazu halten Sie die Öffnung der Schachtel oder des Transportkäfigs an die Öffnung des Vogelheims. Oder Sie stellen das Transportbehältnis auf den Käfigboden und warten, bis die Vögel von allein herauskommen.

Während der ersten zwei bis drei Tage sollten die Vögel Zeit bekommen, sich an den neuen Käfig, die Käfigumgebung und an die neuen Menschen zu gewöhnen. In dieser Zeit bleibt die Käfigtür bis auf die Fütterung geschlossen. Wie Sie weiter vorgehen, → Checkliste links.
Geregelter Tagesablauf: Machen Sie es sich zur Gewohnheit, die Vögel vor allem am Anfang stets zur gleichen Tageszeit zu versorgen – so gewöhnen sie sich am besten an die täglich gleichen Handgriffe am Käfig. Kündigen Sie

dabei Ihr Kommen immer mit der gleichen Begrüßung (einem Ruf oder Pfeifton) an.

Ein zweites Pärchen zieht ein

Nennen Sie bereits Agaporniden Ihr Eigen, wollen aber ein weiteres Pärchen dazukaufen, sollten die neuen Vögel nicht sofort, sondern zur Sicherheit erst nach zwei Wochen Quarantäne direkten Kontakt zu den Alteingesessenen bekommen. Dazu benötigen Sie einen zweiten Käfig sowie ein zusätzliches Zimmer, in dem die Vögel vorübergehend untergebracht werden. Während der Quarantäne sollten Sie die Vögel auf ihren Gesundheitszustand hin genau beobachten (→ Seite 44).

Die Integration der »Neuen« geht nach Ablauf der Quarantäne einfacher und stressfreier vonstatten, wenn keiner der Insassen einen Heimvorteil besitzt. Das bedeutet, dass Sie den Käfig des alten Pärchens kurz vor Einzug der neuen Tiere neu gestalten:

- ➤ Wasser- und Futternäpfe möglichst umhängen;
- ➤ Sitzgelegenheiten und Spielzeug umdekorieren;
- ➤ Heiß geliebte Plätze wie Sitzbrettchen, Schaukeln etc. für ein paar Tage entfernen (dies ist ganz wichtig!);
- ➤ Wenn möglich, den Käfig einige Tage an einen anderen Standort verbringen.

In das so für alle Beteiligten unbekannte Terrain werden dann beide Paare gleichzeitig eingesetzt. Nach kurzen »Diskussionen« arrangieren sich die Vögel meist und suchen sich ihre jeweiligen neuen Lieblingsplätze. Voraussetzung ist aber auf jeden Fall ausreichender Platz. Für zwei Paare ist eine Zimmervoliere von mindestens einem Meter

Eine große Zimmervoliere mit viel Kletter- und Flugmöglichkeit ist das ideale Heim für ein bis zwei Pärchen Unzertrennliche.

Verschiedene Agaporniden-Pärchen im Schwarm zu halten, bietet reizvolle Einblicke in ihr Fress- und Sozialverhalten.

Breite vorzusehen, für drei bis vier Paare steigt die Breite bereits auf 1,50 bis 2 Meter (bei 60 bis 70 Zentimeter Tiefe und einem Meter Höhe)!

Einen neuen Partner zugesellen

Verstirbt ein Partner Ihres Pärchens, ist Ersatz dringend erforderlich. Doch auch wenn Sie einen gegengeschlechtlichen Vogel erworben haben, müssen sich die beiden Vögel noch lang nicht sympathisch sein. Zudem genießt ein Vogel logischerweise in diesem Fall einen Heimvorteil.

Zur Zusammenführung stellen Sie entweder zwei Käfige nebeneinander auf, so dass sich die Vögel langsam kennen lernen können, oder Sie setzen die beiden Singles sofort zusammen. In letzterem Fall ist jedoch vorher auf jeden Fall die völlige Neudekoration des Käfigs nötig (→ Seite 24)! Aber auch während des Freiflugs können sich die Vögel ausführlich beäugen.

Agaporniden und andere Haustiere

Unzertrennliche sind selbstbewusst und zeigen wenig Scheu vor anderen Tieren. Im Haushalt sollten aber keine Katzen leben, denn sie sind kaum davon abzubringen, auf den Käfig zu springen, um nach den Vögeln zu angeln. Vor allem während des Freiflugs der Unzertrennlichen dürfen andere Heimtiere nur unter Ihrer Aufsicht im Vogelzimmer anwesend sein.

Agaporniden und Kinder

Kuscheltiere sind Vögel nie. Für ältere Kinder mit Spaß an der Beobachtung sind sie aber gut geeignet.

Wichtig: Die Verantwortung für die artgerechte Versorgung der Vögel liegt auf jeden Fall bei den Erwachsenen!

TIPP

Ein Tag bei den Unzertrennlichen

- Frühstück: Morgens, wenn die Vögel aktiv werden, reicht man frisches Futter und Wasser.
- Mittagsruhe: Zur Mittagszeit legen die meisten Unzertrennlichen von selbst ein Nickerchen ein.
- Aktiv am Abend: Freiflug gewährt man jeden Tag dann, wenn man selbst keine Termine mehr hat.
- Gute Nacht: Eine über den Käfig gebreitete Decke hilft, dass die Vögel auf jeden Fall zehn Stunden Nachtruhe bekommen. Eine 15-W-Notbeleuchtung ist sinnvoll, damit sich die Tiere auch nachts orientieren können.

Verhalten und Sinne

Ihre Unzertrennlichen zeigen arttypische Verhaltensweisen, die Sie als Halter kennen sollten, um sie richtig interpretieren zu können.

Gefiederpflege

Die Pflege des Gefieders ist ein fester Bestandteil des Tagesablaufs bei Agaporniden. Beim Putzen ordnet ein Vogel die kleinen Federn des Brust- und Bauchgefieders einfach mit dem Schnabel. Die großen Kontur- und Schwungfedern hingegen werden sorgfältig und einzeln nacheinander durch den Schnabel gezogen und geglättet. Mit dem Sekret der Bürzeldrüse, das der Vogel mit dem Schnabel verteilt, werden alle Federn zusätzlich gefettet und dadurch wasserabweisend. Die Drüse liegt im unteren Bereich des Rückens.

Sorgfältig ordnet das Erdbeerköpfchen selbst das kleinste Federchen.

Auch der Vogelpartner trägt seinen Teil zur Gefiederpflege bei, indem er in der beschriebenen Weise die Federn an unzugänglichen Stellen »bearbeitet«. Ausgiebiges gegenseitiges Kraulen mehrmals täglich dient dem körperlichen wie seelischen Wohlbefinden der kleinen Papageien. Ein dem Partner dargebotenes Köpfchen und geschlossene Augen zeugen davon, wie sehr die Vögel diese Art der Zärtlichkeit genießen.

Badetag: Nicht an jedem Tag, aber doch mehrmals pro Woche ist bei Unzertrennlichen Badezeit. Anders als Wellensittiche oder Prachtfinken landen Agaporniden jedoch nie ganz im Badewasser, sondern sitzen mit beiden Füßen fest auf dem Rand der Badewanne. Dann beugen sie nur den Oberkörper zum Wasser und schlagen mit den Flügeln, um das Wasser überall auf sich zu verteilen.

Als Badegelegenheiten eignen sich daher für Agaporniden flache Näpfe mit großem Durchmesser meist besser als Badehäuschen (→ Seite 16).

Schlafenszeit

Werden Unzertrennliche müde und beschließen, ein kleines Nickerchen zu halten, findet man sie meist mit geschlossenen Augen auf einer Stange ruhend, ein Beinchen ins Gefieder angezogen und versteckt. Oft hört man dazu eine Art »Zähneknirschen« (Reibegeräusch mit dem Schnabel), welches ein Zeichen von Müdigkeit und Wohlbefinden ist.

Wird aus dem Nickerchen ein ausgedehnter Schlaf, dann dreht der Vogel den Kopf auf den Rücken und versteckt den Schnabel im Rückengefieder – so kann man am besten abschalten und ruhen.

Auf dieser attraktiven Schaukel ist das Pfirsichköpfchen nicht lang allein. Wird es dem größeren Rosenköpfchen gelingen, seinen Schwarmkollegen von der Kolbenhirse zu vertreiben?

Wach werden und aktiv sein

Zum Wachwerden wird sich nach einem Nickerchen erst einmal gereckt. Dazu streckt der Vogel zunächst beide Flügel nacheinander ganz weit aus, dann richtet er sich auf der Stange groß auf, macht sich lang und schlank. Damit auch die Mitbewohner mitbekommen, dass man wieder wach ist, folgt oft lautes Rufen und kräftiges Flügelschlagen.

Aufforderung zum Freiflug: Das Leben im Käfig oder in der Voliere mag anregend sein – richtig interessant ist jedoch erst der Freiflug, denn nur auf längeren Flugstrecken kann die Flugmuskulatur so richtig trainiert werden. Wenn Unzertrennliche mit beiden Flügeln »propellern«, sich dabei jedoch mit den Füßen an der Stange festhalten, ist das ein unmissverständliches Zeichen für Sie, dass die Vögel ihren Freiflug fordern!

Kennen lernen

Neu in den Schwarm kommende Vögel werden vom Rest des Schwarms lautstark, das heißt mit ohrenbetäubenden Rufen begrüßt. Dann rücken die Mutigsten unter den Alteingesessenen näher, um sich den oder die Neuankömmlinge aus der Nähe genau zu betrachten.

Geschlechtsabhängige Verhaltensmerkmale:

➤ Geduckter Kopf, dem Partner hingehalten: Fütter mich, ich bin dein Weibchen!

➤ Geduckte Haltung mit abgespreizten Flügeln: He, Jungs, ich bin ein Mädchen!

➤ Kleine Holzstreifen ins Rückengefieder gesteckt: Ich

bin »Frau Rosenköpfchen« und sammle Nistmaterial!

➤ Hin- und Hertrippeln auf der Stange mit keckernden Geräuschen: Hallo, Mädels, wo seid ihr?

➤ Hochwürgen von Futter: Ich bin ein Hahn und möchte meine Henne füttern!

➤ Reiben der Kloake an Seilen oder Spielzeug: Ich bin ein Hahn und noch solo!

Streit

Treffen zwei fremde Weibchen aufeinander – bei Unzertrennlichen eindeutig das aggressivere und dominantere Geschlecht –, so kann es am Anfang auch zu kleinen oder größeren Schnabelgefechten kommen, vor allem, wenn ein Neuankömmling den Platz eines alteingesessenen Bewohners jetzt für sich beansprucht. Meist arrangieren sich die Tiere aber nach kurzer Zeit, und der unterlegene Vogel zieht von dannen. Voraussetzung hierfür ist jedoch, dass genügend Raum und Sitzgelegenheiten als Ausweichmöglichkeit zur Verfügung stehen.

Alle mal herhören! Wir gehören zusammen und wollen in der nächsten Zeit von niemandem gestört werden.

Ab und zu kommen solche kleinen Streitereien, die sich aber schnell wieder legen, sogar bei den beiden Partnern eines Pärchens vor – kleine Ehestreitigkeiten gibt es halt in den besten Familien.
Eine besondere Kampftechnik der Agaporniden ist das Hacken nach den Füßen des Gegners. Werden zu viele Tiere auf zu engem Raum gehalten, sind abgebissene Nägel oder Zehenglieder keine Seltenheit, jedoch auch bei viel Platzangebot nicht gänzlich zu vermeiden. Achten Sie darauf, dass sich solche Verletzungen nicht entzünden. Fragen Sie den Tierarzt um Rat.

Nahrungsaufnahme und Geschmack

Sittiche und Papageien ernähren sich in Gefangenschaft wie in freier Natur hauptsächlich von reifen und halb reifen Sämereien. Dabei fressen sie nicht das ganze Samenkorn, sondern sie entspelzen die Samen, d.h., sie befreien die Körner durch perfektes Zusammenspiel von Schnabel und Zunge von ihrer äußeren Schale. Nur das Innere des Korns wird tatsächlich aufgenommen. Die Schalen – Spelzen genannt –

Hirse schmeckt nicht nur lecker. Im ganzen Kolben angeboten, beschäftigt sie die Vögel, weil sie sich die Körner »erarbeiten«.

bleiben als Abfall im Napf zurück. Die fleischige Papageienzunge ist dabei gleichwohl Werkzeug als auch sensibles Tastorgan, welches jedes Korn genau auf Größe, Form und Oberflächenbeschaffenheit untersucht. Nach dem Fressen säubern die Vögel ihren Schnabel, indem sie ihn rechts und links an Sitzstangen oder Ähnlichem abreiben (→ Seite 43).

Die akustische Wahrnehmung

Über das Gehör der Vögel ist bislang wenig bekannt. Aufgrund der großen Rolle, die die arteigene Kommunikation im Leben der Tiere spielt, ist jedoch sicher anzunehmen, dass Unzertrennliche über ein feines Gehör verfügen. Damit können sie die Rufe ihrer Artgenossen auch über weite Entfernungen hinweg wahrnehmen.

Die optische Wahrnehmung

Das Auge ist wohl das Sinnesorgan, bei dem Vögel den Menschen am weitesten überlegen sind. Mit ihren Augen müssen die Vögel selbst im schnellen Flug in der Lage sein, Dinge und Bewegungen am Boden und in der Luft um sich herum wahrzunehmen. Darüber hinaus ist das räumliche Auflösungsvermögen (oder die Sehschärfe) von Vogelaugen sehr viel höher als bei Menschen oder anderen Säugetieren. Auch die allerschnellsten Bewegungen bleiben einem Vogel so nicht verborgen. An den Seiten des Kopfes sitzende Augen und die Möglichkeit, den Kopf um fast 180° zu drehen, sorgen für eine gute Rundumsicht. Neueste Untersuchungen zeigen außerdem, dass Vogelaugen wie die der Bienen in der Lage sind, auch den UV-Anteil des Sonnenlichts zu sehen. Das bedeutet, dass für die Vögel Pflanzen, Futter, Artgenossen etc. in ganz anderen Farbzusammenstellungen erscheinen, als es für uns den Anschein hat.

TIPP

Wohlfühl-Sinne

- Feinschmecker: Form, Größe und Oberfläche der Nahrung sind für Unzertrennliche ebenso wichtig wie deren Geschmack, Aussehen und die Präsentation.
- Musikliebhaber: Viele Vögel haben eine Vorliebe für Musik und fühlen sich dabei sichtlich wohl.
- Duftgenuss: Über den Geruchssinn bei Vögeln ist zwar nur wenig bekannt, aber vermutlich können Papageien starke Gerüche wahrnehmen.
- Licht-Oase: Gestalten Sie die Umgebung des Käfigs mit einer Fototapete oder schönen Farben für Vogelaugen angenehm.

Verhaltensdolmetscher

Agaporniden

Kennen Sie die Sprache der Unzertrennlichen? Hier erfahren Sie, was Ihre Vögel mit ihrem Verhalten ausdrücken möchten ? und wie Sie richtig darauf reagieren →.

Geschlossene Augen und das Köpfchen auf dem Rücken.

? Diese beiden Unzertrennlichen halten ein Nickerchen.

→ Sie sollten während der Ruhephase der Unzertrennlichen Lärm vermeiden und die Vögel nicht stören.

Das Rosenköpfchen links wendet sich kopfüber von der Hängeleiter ab.

? Es sucht einen geeigneten Landeplatz, bevor es abfliegt.

→ Bleiben Sie in einiger Entfernung stehen, bis der Vogel gestartet und neu gelandet ist.

Der rechte Vogel droht mit geöffnetem Schnabel seinem Gegenüber.

? Er möchte so an den Leckerbissen (Beeren) gelangen.
→ Solche kleinen Kabbeleien kommen vor, sind aber kein Grund zur Besorgnis.

Das Schwarzköpfchen hat im Flug seine Füßchen nach vorn ausgestreckt.

? Es befindet sich im Landeanflug auf die Kolbenhirse.
→ Bleiben Sie stehen, bis der Vogel sicher gelandet ist.

Ein Vogel beknabbert den Nacken seines Partners.

? Gegenseitiges Kraulen dient der Gefiederpflege und festigt die Paarbindung.
→ Das Pärchen harmoniert. Bitte nicht stören.

Das Schwarzköpfchen hat den Schnabel weit geöffnet.

? Es will vor einem Nickerchen von Artgenossen nicht gestört werden.
→ Ziehen auch Sie sich langsam zurück und verhalten Sie sich ruhig.

Nachwuchs und Zucht

Zur Zucht aller Papageienvögel benötigt man eine amtliche Zuchterlaubnis, die der Amtstierarzt nach bestandenem Sachkundenachweis aushändigt. Als Zucht zählt bereits das Zulassen einer einzigen Brut, auch wenn man die Jungen behalten möchte. Erst mit der Zuchtgenehmigung kann man die zur Kennzeichnung des Nachwuchses gesetzlich vorgeschriebenen Fußringe erwerben. Die 12 bis 15 Tage alten Jungvögel werden von Ihnen beringt.

Das Weibchen des Pfirsichköpfchens trägt Nistmaterial im Schnabel ein.

Zuchtvorbereitungen: Die Zucht der meisten Unzertrennlichen ist nicht schwer. Im Prinzip benötigt ein Pärchen lediglich einen geeigneten geschlossenen Nistkasten und frische Zweige für den Nestbau. Halten Sie mehrere Pärchen, sollten Sie diese zur Zucht vorsichtshalber in separate Käfige setzen.

Balz und Paarung

Um die Gunst seines Weibchens zu erlangen, trippelt der Hahn auf einem Ast hin und her, kratzt sich oft mit dem Fuß am Köpfchen und gibt leise, zwitschernde Laute von sich. Immer öfter versucht er, seine Partnerin zu füttern. Geht die Henne auf das Werben ein, duckt sie sich, spreizt die Flügel, stellt die Schwanzfedern auf und lässt den Hahn auf ihren Rücken steigen. Die Kopulation dauert mehrere Minuten.

Nestbau und Brut

Nestbau ist Sache der Weibchen. Im Schnabel (Augenring-Unzertrennliche) oder im Bürzelgefieder (Rosenköpfchen) tragen sie schmale Rindenstreifen in die Bruthöhle und bauen so je nach Art ein mehr oder weniger

TIPP

Problem »Luftfeuchtigkeit« bei der Zucht

Obwohl alle Eier befruchtet waren, schlüpfen keine Jungen aus. Erfahrungsgemäß liegt das an der zu geringen Luftfeuchtigkeit. Um diese zu erhöhen bzw. im Nistkasten gleich hoch zu halten,

- sollte das brütende Weibchen immer Gelegenheit zum Baden haben.
- sollten Sie regelmäßig frische Zweige anbieten.
- können Sie zusätzlich ab und zu den Nistkasten von außen leicht mit Wasser besprühen.

gemütliches Nest. Alle zwei Tage wird ein Ei gelegt. Das Gelege (vier bis sechs Eier) bebrütet nur das Weibchen. **Die Brutdauer** liegt bei den Unzertrennlichen zwischen 21 und 25 Tagen. Wie die Eiablage, so erfolgt auch der Schlupf der Jungen im Zwei-Tages-Rhythmus. Die Jungen kündigen sich durch feine Piepstöne aus dem Nistkasten an. Meist sind nicht alle Eier befruchtet, daher können Sie nach einer Sicherheitszeitspanne von einigen Tagen die Eier, aus denen kein Junges geschlüpft ist, aus dem Nest entfernen. Durch den zeitlich versetzten Schlupf sitzen in einem Nest Vogelkinder verschiedenen Alters und Entwicklungsstufen.
Fütterung und Betreuung der Küken ist am Anfang die alleinige Sache des Weibchens. Gut gefütterte Jungtiere erkennt man bei den täglichen Nistkastenkontrollen an ihrem gefüllten Kropf, der sich gelblich unter der Haut des Halses abzeichnet.

Erfolgreich gebalzt: Zur Begattung steigt der Hahn von hinten auf den Rücken des geduckt sitzenden Weibchens.

Entwicklung der Küken

In der ersten Zeit nach dem Schlupf sind die Vogeljungen kaum befiedert, ihre Augen sind geschlossen. Aber schon nach zwei Wochen beginnen die ersten Federchen zu sprießen und die Augen öffnen sich. Ab dieser Zeit beteiligt sich auch das Männchen an der Fütterung der Jungen. Mit drei bis vier Wochen sind die Jungvögel fast voll befiedert, nach ca. fünf Wochen sieht man die ältesten bereits neugierig zum Einflugloch des Nistkastens herausschauen. In diesem Alter verlassen sie das Nest zum ersten Mal, wenngleich zunächst nur kurz. Die Jungvögel unterscheiden sich jetzt von den Eltern nur noch durch die matten Farben ihres Federkleids und durch die dunkle Farbe des Schnabelansatzes.
Flügge und futterfest, d.h., sie fressen selbstständig, sind die Jungen mit acht bis zehn Wochen. Dann können sie von ihren Eltern getrennt werden. Im Alter von etwa sechs bis sieben Monaten, nach der »Jugendmauser« also, sind die Jungvögel auch äußerlich nicht mehr von den Altvögeln zu unterscheiden. Agaporniden werden etwa im Alter von sechs bis neun Monaten geschlechtsreif, sollten aber frühestens mit einem Jahr zur Zucht zugelassen werden.

Fragen rund um die Zucht

? Warum muss ich meine nachgezüchteten Unzertrennlichen beringen?
Die Kennzeichnung mit Fußringen durch den Züchter ist für Papageien gesetzlich vorgeschrieben. Anhand der Ringe ist es möglich, die Papageien sicher zu identifizieren. Beim Verkauf von Papageien werden Ringnummern und Anschrift der neuen Besitzer vom Zoohändler, Züchter oder Tierheim in dessen Nachweisbuch notiert. Zum einen ist so immer nachvollziehbar, ob es sich bei den Vögeln um Nachzuchten oder Wildfänge handelt, zum anderen weiß man stets, welchen Weg ein Vogel bislang zurückgelegt hat. So lässt sich z. B. im Seuchenfall (Psittakose → Seite 47) verfolgen, zu welchen anderen Vögeln das Tier bislang Kontakt hatte. Entkommt ein Vogel aus dem Käfig und wird andernorts wieder eingefangen, kann man bei lückenloser Buchführung anhand der Ringnummer den Vogelbesitzer ausfindig machen.

? Ich will nur einmal Nachwuchs haben, die Jungen möchte ich behalten. Was bedeutet das für mich?
Auch für diesen Fall brauchen Sie eine Zuchtgenehmigung (→ Seite 32). Pro Brut kann ein Pärchen Agaporniden bis zu sechs Junge aufziehen. Jeder dieser Jungvögel begibt sich spätestens mit Erreichen der Geschlechtsreife auf die Suche nach einem gegengeschlechtlichen und nicht verwandten Partner. Rein rechnerisch ergeben sich daraus letztendlich 14 Tiere (sieben Pärchen), für die Sie entweder sieben Käfige oder eine große Voliere (3 × 2 × 1 Meter) benötigen. Geschwister paarweise zu halten oder zusammen weiterzugeben, ist nicht gut, denn ein Gelege besteht selten aus gleich vielen Hennen und Hähnen. Außerdem besteht die Gefahr der Inzucht, wenn Sie Geschwister miteinander verpaaren.

? Kann ich auch mit Unzertrennlichen verschiedener Arten züchten?
Theoretisch schon, es gibt aber doch Gründe, die dagegen sprechen. Das Ergebnis sind Mischlinge der verschiedenen Agaporniden-Arten,

Nach einem aufregenden Tag ruht das Rosenköpfchen-Paar eng aneinander gekuschelt.

die es ehemals in freier Natur nicht gab. Erst in jüngerer Zeit beobachtet man die Mischlingsbildung auch innerhalb der Vogelpopulationen Afrikas (→ Seite 7). Das bedeutet, dass dort die ursprünglichen Arten früher oder später verschwinden werden. Viele Züchter bemühen sich daher um die Erhaltung der reinen Arten zumindest in Gefangenschaft. Diesem Bemühen steht jede Mischlingszucht genau entgegen, zumal die Nachkommen der Augenring-Mischlinge fruchtbar sind und sich untereinander weiter fortpflanzen können. Mischlinge von Rosenköpfchen und Augenring-Unzertrennlichen sind allerdings unfruchtbar – dieser Weg führt also in eine biologische Sackgasse.

? Mein Vogelweibchen legt ununterbrochen Eier. Das kann doch nicht gesund sein?

Wenn eine Henne einzeln gehalten wird, sehr zahm ist oder wenn ihr und dem Partner zu wenig Abwechslung geboten wird, kann das Eierlegen zu einer Art schlechter Angewohnheit werden. Dies schwächt das Weibchen durch den Kalziumverlust auf Dauer extrem. Nistkästen gehören daher nie zur Standardeinrichtung eines Vogelkäfigs! Kommen trotzdem Eier, sorgen Sie zuerst dafür, dass aus ihnen nichts schlüpfen kann, indem Sie sie abkochen oder gegen Kunsteier austauschen. Die Henne kann dann in Ruhe drei Wochen brüten und so ihren Trieb abreagieren. Auf keinen Fall dürfen Sie die Eier nur ersatzlos aus dem Nest nehmen. Das Weibchen würde versuchen, den Verlust durch Weiterlegen (Nachgelege) auszugleichen. Nimmt auch nach diesen Maßnahmen das Eierlegen kein Ende, überprüfen Sie die Haltung der Vögel. Einzeln gehaltene Weibchen benötigen einen Vogelpartner, gegebenenfalls schafft man noch ein zweites Pärchen an, denn es vertreibt die Langeweile und es entsteht eine gesunde Konkurrenz. Verringern Sie außerdem die Tageslichtlänge auf maximal acht Stunden pro Tag. Bringt eine Änderung der Lebensumstände nicht den gewünschten Effekt, bleibt noch die hormonelle Behandlung oder die Kastration durch einen Vogeltierarzt.

MEINE TIPPS FÜR SIE

Alexandra Broich

So gelingt die Zucht

- Schon vor der Eiablage benötigt das Zuchtpaar mehr Nährstoffe als sonst. Bieten Sie Mineralstoffe in Form von Sepiaschale oder Mineralblock an und reichen Sie Keimfutter sowie Eiweiß- oder Aufzuchtfutter.
- Stören Sie die Tiere während des Brütens nicht zu oft – eine Nistkastenkontrolle pro Tag reicht!
- Um mögliches Rupfen der Jungen durch die Altvögel zu verhindern, cremen Sie sie mit übel schmeckender Lebertransalbe ein oder versperren das Einflugloch mit Gitter, durch das die Eltern noch füttern können.
- Nehmen die Eltern die Jungen nicht an, bleibt nur die Handaufzucht per Futterspritze oder Löffel übrig. Im Zoofachhandel gibt es spezielle Futtermischungen.
- Integrieren Sie im Notfall handaufgezogene Vögel so früh wie möglich in einem Schwarm mit Artgenossen, damit die Jungen von den Altvögeln lernen können.

Fit-und-gesund-Programm

Das vogelgerechte Futter

Es ist wichtig, Käfigvögel gesund und abwechslungsreich zu ernähren, damit Fütterungsfehler mit ihren Folgen wie Fettsucht, Leberschäden oder Mangelerscheinungen gar nicht erst entstehen. Die Ernährungsgewohnheiten der Vögel in freier Natur nachzustellen, wird trotzdem leider kaum gelingen.

Ein ganzer Maiskolben: Toller Schmaus und Spielspaß sind garantiert!

Körnerfutter

Das Grundfutter für Unzertrennliche besteht aus verschiedenen trockenen Sämereien. Eine ausgewogene Mischung enthält viele kohlenhydratreiche und nur wenig fettreiche Saaten. Es überwiegen daher feine Sämereien wie Hirse, einheimisches Getreide, Kanariensaat oder Buchweizen. Fettsaaten wie Kardisaat, Hanf oder Lein sind nur vereinzelt zu finden. Eine solch einfache Grundmischung, die Sie im Zoofachhandel erhalten, können Sie selbst um viele zusätzliche Sämereien oder Wildsaaten erweitern und so den Speiseplan der Vögel noch abwechslungsreicher gestalten.
Ein weiteres Körnerfutter, das noch dazu für Abwechslung sorgt, ist Kolbenhirse. Bieten Sie sie als Leckerei ein- bis zweimal pro Woche an.
Achten Sie auf den einwandfreien Zustand des Futters. Ohne Hilfsmittel erkennt man ein gutes Futter daran, dass es staub- und ungezieferfrei ist und nicht muffig oder ranzig riecht. Die Körner dürfen keine Verfärbungen, Flecken oder Löcher aufweisen. Auch sollte das Haltbarkeitsdatum der Packung nicht überschritten sein. Auf Nüsse sollten Sie wegen der Gefahr der Verpilzung ganz verzichten und auch bei Sonnenblumenkernen vorsichtig sein.
Wichtig: Körnerfutter ist nie ein Alleinfutter, es muss mit Grünfutter und Mineralstoffen ergänzt werden.

Grünfutter

Es enthält viele Vitamine und Mineralstoffe, die im Körnerfutter nicht oder in zu geringen Mengen enthalten sind. Erlaubt sind beispielsweise:

➤ **Obst:** Äpfel, Trauben, Bananen, Birnen, Orangen, Mandarinen, Pflaumen, Pfirsiche, Kirschen, Erdbeeren, Feigen, Rosinen;

➤ **Beeren:** Sanddorn, Vogelbeeren, Holunder, Hagebutten, Heidel-, Himbeeren;

➤ **Gemüse:** Gurke, Kohlrabi, Mais (halb reif als Kolben), Möhre, Rosenkohl, Paprika (mit Kernen);

➤ **Wildkräuter und Salat:** Vogelmiere, Löwenzahn, Sa-

lat, Spinat, Mangold, Sauerampfer, Breitwegerich (Fruchtstände und Blätter), Hirtentäschelkraut.
Neben den Vitalstoffen bietet Grünfutter den Vögeln eine natürliche Beschäftigungsmöglichkeit im täglichen Körnereinerlei. Zum Grünfutter gehören aus diesem Grund auch frische Zweige (→ Seite 15). Agaporniden besitzen die Eigenart, die Rinde der Zweige abzuschälen, wodurch sie wertvolle Inhaltsstoffe zu sich nehmen.

Jeden Tag frisch: Vitaminreiches Grünfutter wie Obst, Gemüse oder Kräuter hält Ihre Unzertrennlichen gesund und fit.

Die wichtigsten Fütterungsregeln

	Was ist zu tun?
Wann füttern?	Erneuern Sie Futter und Wasser jeden Tag zur gleichen Zeit – am besten morgens, wenn die Vögel aktiv werden.
Wie viel Körner füttern?	Füttern Sie nur so viel Körner, wie tatsächlich gefressen werden, sonst suchen sich die Vögel nur die Leckerbissen aus der Mischung!
Wie viel Grünfutter füttern?	Die Vögel dürfen sich an mehreren Sorten Grünfutter pro Tag richtig satt fressen – vor allem wenn das energiereiche Körnerfutter begrenzt angeboten werden muss, etwa weil die Vögel nur die »fettreichen« Leckerbissen heraussuchen.
Woraus füttern?	Als Futtergefäße eignen sich flache Gefäße mit größerem Durchmesser aus Edelstahl oder Keramik, die leicht zu reinigen sind und die die Tiere nicht zernagen können. Je Futterart einen Napf bieten.
Wie füttern?	Obst und Grünfutter werden meist zerkleinert im Napf angeboten. Um die Vögel zu beschäftigen, sollten Sie Teile davon aber auch im Ganzen – als ganze Frucht oder Fruchtstand – anbieten.
Wie oft füttern?	Körnerfutter, Obst und Grünfutter, Wasser und gegebenenfalls auch Keimfutter müssen jeden Tag frisch gereicht werden.

Vitamine und Mineralstoffe

Körnerfutter enthält zu wenig Vitamin A und Mineralstoffe (Kalzium, Natrium), um den Bedarf der Vögel zu decken.
Vitamine: Bei Vögeln, die Obst und Gemüse mögen und dies täglich bekommen, brauchen Sie eine Unterversorgung mit Vitaminen nicht zu befürchten. Alles, was die Gefiederten benötigen, ist im

Wer ist hier der Boss, Pfirsichköpfchen (links) oder Erdbeerköpfchen?

frisch angebotenen Grünfutter enthalten. Leider gibt es Vögel, die jegliche Form von Frischkost verschmähen. Wenn dies auch bei Ihren Tieren der Fall ist, müssen Sie synthetisch hergestellte Vitamine zufüttern. Der Zoofachhandel oder der Tierarzt halten hierfür verschiedene Präparate bereit – zur Verabreichung über das Trinkwasser oder über das Futter.
Mineralstoffe: Um die Versorgung damit sicherzustellen, bieten Sie den Vögeln eine Sepiaschale, einen Mineralstein aus Seealgenkalk oder einen Kalkstein an. Sepiaschale muss übrigens vor dem Verfüttern nicht, wie oft fälschlicherweise behauptet wird, gewässert werden!
An dieser Stelle sei nochmals auf die wichtigen Magensteinchen (Grit, → Seite 16) hingewiesen. Sie werden aufgenommen, verbleiben im Muskelmagen und helfen dort, die Nahrung zu zerkleinern. Normalerweise finden die Vögel solche Steinchen im Vogelsand. Verwenden Sie aber andere Streu als Sand, sollten Sie zusätzlich Grit in einem eigenen Napf anbieten.

Keimfutter

Während der Jungenaufzucht oder bei einer gestörten Verdauung ist Keimfutter (→ Tipp unten) eine wichtige Ergänzung zum Körnerfutter. Die Eltern können die weichen, vorgekeimten Körner schneller als trockene Körner an ihre Jungen verfüttern. Sie sind auch für erwachsene Tiere viel leichter verdaulich. Die feuchten Körner verderben schnell und sollten jeden Tag frisch gereicht werden. Einen höheren Vitamingehalt als ungekeimte Körner besitzt das Keimfutter jedoch nicht.

TIPP

Keimfutter zubereiten

Keimfutter ist am wertvollsten, wenn die Keime gerade eben sichtbar sind. Füttern Sie es in flachen Schalen, um Staunässe zu vermeiden.

- Die Körner in ein Sieb geben und in ein wassergefülltes Gefäß hängen, in dem sie 24 Stunden quellen.
- Am zweiten Tag das Sieb aus dem Wasser nehmen und die Samen mehrmals gründlich unter fließendem Wasser spülen. In frischem Wasser wieder ansetzen.
- Am dritten Tag das Futter ein letztes Mal spülen, abtropfen lassen und verfüttern.

Ei- und Aufzuchtfutter

Als wichtige Ergänzungsfuttermittel sind Ei- und Aufzuchtfutter im Zoofachhandel erhältlich. Während das Eifutter eine Art Biskuit darstellt, enthält das Aufzuchtfutter meist zusätzlich getrocknete Insekten. Beide Ergänzungen versorgen die Vögel mit zusätzlichem Eiweiß. Dieser Nährstoff ist in verschiedenen Phasen des Vogellebens nötig, etwa während des Brütens und der Aufzucht der Jungvögel, während des Wachstums oder zur Zeit der Mauser.

Ei- und Aufzuchtfutter kann man trocken, leicht angefeuchtet mit Magerquark oder vermischt mit zerkleinertem Obst oder Keimfutter (→ links) anbieten – am besten in einem Extra-Napf. In den beiden letzteren Fällen ist es täglich zu erneuern.

Hinweis: Beide Futtersorten sind Ergänzungen für erwachsene oder heranwachsende Vögel, aber ungeeignet zur Handaufzucht elternloser Nestlinge (→ Seite 35)!

Was nicht gefüttert werden darf

Es gibt einige Dinge, die für Agaporniden verboten sind. Dazu gehören:

- Stark gewürzte Speisen wie z. B. Käse, da sie zu viel Kochsalz enthalten;
- Milch und Milchprodukte. Vögeln fehlt das Milchzucker abbauende Enzym Laktase; Durchfälle sind die Folge.

Leckereien: Die im Handel in vielfältiger Form erhältlichen Knabbereien sind durch den Zusatz von viel Zucker oder Honig extrem energiereich. Höchstens einmal pro Woche sind sie erlaubt – aber bitte auf keinen Fall öfter!

Gar nicht so einfach: Diese Leckereien müssen erarbeitet werden – und lassen dadurch keine Langeweile aufkommen!

Einmaleins der Pflege

Körperpflege ist bei Unzertrennlichen in der Regel Sache der Vögel – Menschen brauchen sie nicht dazu. Ein harmonierendes Pärchen sorgt durch gegenseitiges Putzen dafür, dass das Gefieder des Partners glatt anliegt und dass alte Federn entfernt werden. Zusätzlich sorgt jeder Vogel selbst durch Baden mit anschließendem Gefiederputzen für sein optimales »Erscheinungsbild«.
Es gibt nur wenige Bereiche am Körper, die die Vögel eventuell nicht selbst im Griff haben und bei denen wir Menschen helfen können.

Immer gepflegt: Mit dem Schnabel wird das Gefieder regelmäßig geglättet.

Die Krallen kürzen

Dies kann notwendig werden, wenn Sie anstelle von Naturzweigen Plastik- oder Hartholzstangen als Sitzgelegenheiten anbieten (→ Seite 15) oder bei älteren Tieren, die sich weniger bewegen. Sie benötigen dafür eine Krallenzange oder einen Nagelknipser. Um die Blutgefäße in den Krallen nicht zu verletzen, halten Sie sie gegen eine Lampe. So erkennen Sie die Adern. Schneiden Sie einige Millimeter davor. Blutungen stoppen Sie mit einer speziellen Watte. Die Schnittführung lassen Sie sich am besten vom Tierarzt zeigen.

Schnabel korrigieren

Schnabelschneiden ist bei Unzertrennlichen eigentlich nie nötig – der Schnabel behält seine Länge im Normal-

CHECKLISTE

Pflegeplan

Täglich:

- ✔ Kompletter Futter-, Trinkwasser- und Badewasserwechsel mit gründlicher Reinigung der Gefäße unter fließend-heißem Wasser.
- ✔ Futterreste von Obst und anderem Grünfutter entfernen, neues Frischfutter reichen.
- ✔ Groben Schmutz in der Einstreu, am Käfig und an den Sitzstangen entfernen.

Wöchentlich:

- ✔ Sepiaschale und/oder Schälchen mit Grit überprüfen, ggf. reinigen oder erneuern.
- ✔ Vogelsand oder andere Einstreu erneuern, Käfigunterschale unter fließend-heißem Wasser reinigen.
- ✔ Alte Zweige entfernen, neue frische Naturzweige (→ Seite 15) im Käfig installieren; diese abbürsten.
- ✔ Sitzbrettchen oder Schlafhäuschen unter heißem Wasser abschrubben.

Monatlich:

- ✔ Sitzbrettchen, Schlafhäuschen, Sitzseile bei Bedarf erneuern.
- ✔ Käfiggitter unter heißem Wasser reinigen.

Nach Krankheitsfall eines Vogels:

- ✔ Käfig mit geeignetem Mittel (Tierarzt) desinfizieren. Anschließend mit Wasser gründlich abduschen.

1 Krallen schärfen

Zu lange Krallen behindern die Vögel beim Sitzen auf der Stange, weil sie mit den Zehen die Stange nicht richtig umgreifen können. Zum natürlichen Abnutzen der Krallen eignen sich am besten Naturholzäste mit rauer Rinde und unterschiedlichem Durchmesser, weil der Vogel immer wieder anders greifen muss.

2 Schnabel wetzen

Nach der Nahrungsaufnahme, vor allem von klebrigen Stoffen, reiben die Vögel ihren Schnabel durch seitliche Wischbewegungen an einer Unterlage. So entfernen sie anhängende Futterreste, um Verpilzungen des Schnabels durch das Futter zu verhindern. Zum Schnabelwetzen brauchen sie Naturäste mit rauer Rinde.

fall von ganz allein. Ein Schnabel, der zu lang wächst oder brüchig wird, ist immer ein Hinweis auf eine Erkrankung oder eine Stoffwechselstörung (z. B. der Leber). In diesem Fall sollten Sie einen Tierarzt aufsuchen, der die Grunderkrankung herausfindet. Muss der Schnabel aufgrund einer Erkrankung regelmäßig geschnitten werden, sollten Sie dies einem Tierarzt oder einem anderen Fachmann überlassen. Geübte Halter können sich nach mehrmaliger Vorführung selbst an das Schnabelschneiden wagen. Zum Schneiden des Schnabels eignet sich ein Nagelknipser. Anschließend wird er glatt gefeilt.

Käfigpflege

Während sie für die Körperpflege viel Zeit aufwenden, legen Agaporniden weniger Wert auf das Aussehen ihres Zuhauses. Dies ist der Punkt, an dem wir ins Spiel kommen (→ Checkliste links).

Großreinemachen: Steht die gründliche Reinigung und Neugestaltung der Inneneinrichtung des Käfigs auf dem Zeitplan, so ist es besser, diese Aktionen auf die Zeit zu verlegen, während der die Vögel ohnehin Freiflug haben und dadurch nicht ihrer Sitzgelegenheiten beraubt wild durcheinander fliegen. Dann können Sie ungehindert Käfigoberteil und Schublade in der Badewanne mit heißem Wasser abbrausen und abschrubben. Anschließend statten Sie das Innere des Käfigs mit neuen Ästen und Seilen aus. Zur Reinigung eignen sich am besten Einweichen und normale Haushaltsseife. Aggressive Putzmittel sind nicht nötig.

Gesundheitsvorsorge

Einen gesunden Vogel erkennen Sie am glatt anliegenden, lückenlosen Gefieder ohne Verfärbungen, an klaren, wachen Augen, am aufmerksamen Blick, an Lebhaftigkeit und Temperament. Die Bereiche rund um die Nasenlöcher und die Kloake sind sauber, trocken und nicht verklebt. Der eigentliche Kot eines gesunden Unzertrennlichen ist bräunlich grau und walzenförmig. Ihm sitzt der Urin als kleiner weißer Klecks auf. Er wird gleichzeitig mit dem Kot abgesetzt. Allerdings entleeren sich Eier legende oder brütende Weibchen nur selten – große, etwas ungeformtere Kotmengen sind hier also kein Krankheitsanzeichen.

Krankheitsanzeichen

➤ Der Vogel schläft mehr als üblich, ist apathisch.
➤ Er sitzt mit aufgeplustertem Gefieder und geschlossenen Augen auf der Stange oder gar auf dem Boden.
➤ Die Atmung ist sichtlich erschwert (Schwanzwippen).
➤ Seine Flügel hängen oder er zeigt Flugunlust.

Aufrechte Haltung, glattes Gefieder und mit munteren Augen ihre Umgebung beobachtend – so sehen gesunde Unzertrennliche aus! Haben sie dann noch guten Appetit, ist alles in Ordnung.

Fühlt sich ein Vogel nicht wohl, sucht er die Wärme vor einer Rotlichtlampe.

➤ Der Kot ist nicht geformt, sondern breiig und verfärbt.
➤ Der sonst weiße Urinanteil ist plötzlich klar und bildet einen großen See.
Die letzten beiden Punkte sprechen für eine Störung der Verdauung oder der Nierenfunktion. Verändert sich dieser Zustand nach zwei bis drei Tagen nicht oder kaum, so können Sie sicher sein, dass irgendetwas nicht stimmt.
Wichtig: Es ist nicht immer leicht, erste Krankheitsanzeichen rechtzeitig zu entdecken, denn jeder Vogel ist von Natur aus bemüht, vor Fressfeinden sein Unwohlsein so lang wie möglich zu verbergen. Wenn Sie also bemerken, dass etwas nicht stimmt, ist der Vogel meist schon ernsthaft erkrankt. Es bleibt dann keine Zeit zu verlieren. Mein Rat: Suchen Sie sofort einen vogelkundigen Tierarzt auf.

Erste-Hilfe-Maßnahmen

Sollte es Ihnen aus irgendeinem Grund nicht möglich sein, sofort den Weg zum Vogeldoktor anzutreten, können Sie den Vogel vorab durch einige Erste-Hilfe-Maßnahmen aus der Hausapotheke unterstützen.
➤ Rotlichtlampe oder Dunkelstrahler: Die meisten Vögel suchen bei Unwohlsein die Nähe einer Wärmequelle. Stellen Sie eine Rotlichtlampe oder einen Dunkelstrahler so vor den Käfig, dass der Wärmekegel in eine Ecke des Käfigs gerichtet ist. Dann kann der Vogel wählen, wie warm er sitzen möchte.
➤ Kamillentee, Schwarzer Tee, Vogelkohle: Leichten Durchfall können Sie durch Tees, die Sie anstelle von Trinkwasser reichen, und Vogelkohle in einem Extranapf oft beheben. Verzichten Sie während dieser Zeit vorübergehend auf frisches Obst. Bieten Sie stattdessen Kolbenhirse, denn an ihr knabbern die Vögel selbst noch bei wenig Appetit. Nach zwei bis drei Tagen ohne Besserung sollten Sie zum Tierarzt gehen.
Notfall-Apotheke: Richten Sie sich ein Notfall-Köfferchen oder ein Apothekenschränkchen ein. Sie benötigen dafür blutstillende Watte, Betaisodonna-Lösung (Desinfektion von Wunden), Wattestäbchen (zum Auftragen

TIPP

Was Sie vorbeugend tun können

➤ Planen Sie jeden Tag etwa eine Viertelstunde ein, in der Sie die Vögel unbemerkt beobachten.

➤ Vögel in einer Außenvoliere sollten regelmäßig vorbeugend auf Würmer und andere Parasiten untersucht und ggf. behandelt werden!

➤ Halten Sie für den Krankheitsfall die Adresse eines guten Vogeltierarztes bereit.

➤ Scheuen Sie nicht den Gang zum Tierarzt. Eine unbehandelte Erkrankung ist eine größere Belastung als der Stress durch den Transport.

Krankheiten bei Agaporniden und ihre Behandlung

Symptome	Ursachen	Behandlung
Angeschwollene Füße	Infekt nach Krallenverletzung oder eingewachsener Fußring	Behandlung durch den Tierarzt, ggf. Fußring entfernen!
Juckreiz, häufiges Kratzen, kahle Stellen	Räudemilben, Federlinge	Behandlung durch den Tierarzt
Abmagerung und Schwäche	Rote Vogelmilbe (Umgebungsbefall)	Behandlung durch den Tierarzt, Umgebung desinfizieren
Abmagerung, Verstopfung	Würmer	Behandlung durch den Tierarzt
Akut: Weibchen sitzt auf dem Boden und presst. Chronisch: Eiablage stagniert, verdickter Bauch; Flugunlust, fortschreitende Abmagerung, rote Gefiederverfärbung	Legenot	Notfall! Sofort zum Tierarzt, das Ei muss entfernt werden! Hormonelle und antibiotische Behandlung durch den Tierarzt; Ei bzw. Eierstock operativ entfernen
Rote oder gelbe Gefiederverfärbungen	Leber-, Nierenfunktionsstörung; chronische Legenot	Behandlung durch den Tierarzt zur Unterstützung des Leber- und Nierenstoffwechsels
Übermäßiges Schnabelwachstum	Leber- oder Nierenfunktionsstörung, Verletzung der Wachstumszone des Schnabels	Unterstützung des Leber- und Nierenstoffwechsels, häufiges Schnabelschneiden
Atemnot, Durchfall	Schimmelpilzbefall der Luftsäcke; (Aspergillose)	Behandlung durch den Tierarzt mit Pilzmitteln, Inhalationsbehandlung. Futter auf Pilzbefall überprüfen!

Häufig bei Agaporniden auftretende Krankheiten, die bei vielen Haltern und Tierärzten noch relativ unbekannt sind – die Behandlung sollte ein versierter Vogeltierarzt durchführen:

PBFD (Psittacine Beak and Feather Disease – Schnabel- und Federkrankheit): Viruserkrankung mit fortschreitenden Gefiederveränderungen/Federverlust, evtl. Schnabeldeformation; nahezu alle Unzertrennlichen sind Virusträger, nicht immer kommt die Erkrankung zum Ausbruch.

EMA (Ekzema Melopsittacus et Agapornis – Ekzem der Wellensittiche und Agaporniden): Hautekzem durch Beknabbern von Flügelunterseite/Schulter- und Rückenbereich; Flugunfähigkeit, Blutungen und Verkrustungen. Vermutete Ursachen: Stress (fehlender Partnervogel, Haltungsfehler), PBFD-Virus, Allergien. Zusätzliche Verschlimmerung durch Bakterien und Hautpilze.

Megabakteriose (Drüsenmagenentzündung), auch »Going-light-Syndrom«: Sie äußert sich in Apathie, Erbrechen von Körnern, unverdauten Körnern im Kot sowie Abmagerung.

der Lösung), Tees (→ Seite 45) und Vogelkohle, Traubenzuckerpulver (bei Schwächezuständen), Rescue-Tropfen oder -globuli (Bach-Blüten-Präparat bei Schock).

Der Krankenkäfig

Wägen Sie bei Erkrankung eines Vogels sorgfältig ab, ob der Vogelpartner beim Patienten bleiben darf oder nicht. Eine Trennung vom Partner kann für einen kranken Vogel zusätzlichen Stress bedeuten und die Krankheit evtl. verschlimmern! Nur bei einer Infektionskrankheit oder wenn das kranke Tier vom Partner nicht unterstützt, sondern drangsaliert wird, setzen Sie ihn in einen kleinen Krankenkäfig (er kann gleichzeitig dem Transport zum Tierarzt dienen).

Medikamente eingeben

Um den Vogel sicher zu halten, umfassen Sie ihn von hinten mit der linken Hand, so dass er in der Hand liegt. Mit Daumen und Zeigefinger fixieren Sie seinen Kopf, mit den übrigen Fingern halten Sie den Körper fest. Dann geben Sie ihm mit einer Einmalspritze ohne Nadel das flüssige Medikament seitlich in den Schnabel ein. Üben Sie schon am gesunden Vogel, ihn zu fangen und richtig in der Hand zu halten.

Papageienkrankheit

Diese auch Psittakose genannte Erkrankung ist eine Infektionskrankheit, für die neben Papageien auch andere Vogelarten und der Mensch empfänglich sind. Deshalb heißt sie auch Ornithose. Sie zählt zu den anzeigepflichtigen Tierseuchen. Schon der Verdacht darauf muss beim zuständigen Veterinäramt gemeldet werden; das Vorgehen im Seuchenfall regelt die Psittakose-Verordnung.
Erreger der Ornithose ist *Chlamydia psittaci* – eine Zwischenform zwischen Bakterium und Virus. Die Vögel stecken sich an infiziertem Vogelkot, Federstaub oder Nasensekret an. Die Symptome sind beim Vogel vor allem Atemwegsprobleme, Bindehautentzündung sowie grün verfärbter Kot. Manche Vögel scheiden bei gutem Gesundheitszustand jedoch den Erreger aus, ohne selbst irgendwelche Symptome zu zeigen.
Die Diagnose erfolgt durch den Nachweis der Erreger in Tupferproben (Kloakenabstrich) oder im Kot. Wird in einem Bestand Psittakose festgestellt, müssen nach den heutigen Gesetzen die Vögel nicht mehr getötet, sondern einer tierärztlichen Behandlung mit Antibiotika (Tetrazyklinen) unterzogen werden.
Wichtig: Beim Menschen ähneln die Symptome denen einer schweren Erkältung oder Grippe. Leidet man als Vogelhalter an einer »hartnäckigen« Erkältung, sollte man den Hausarzt über die Vogelhaltung informieren.

Ein wenig Akrobatik? Für einen gesunden Unzertrennlichen kein Problem.

Fragen rund um Ernährung und Pflege

? Unsere Vögel fressen gern Sonnenblumenkerne. Ist das schädlich?
Wenn die Sonnenblumen qualitativ gut sind und es nicht zu viele sind, ist das in Ordnung. Sicherheitshalber können Sie jedoch die Sonnenblumenkerne durch Kardisaat ersetzen. Agaporniden- oder Großsittichfutter ohne Sonnenblumenkerne ist mittlerweile in größeren Fachgeschäften erhältlich. Wichtig – egal, ob Kardi oder Sonnenblume: Beide Saaten sind sehr fetthaltig, sie dürfen daher nur in geringen Anteilen im Futter enthalten sein.

? Meine Vögel fressen weder Obst noch anderes Frischfutter. Wie kann ich das ändern?
Da hilft nur konsequentes Anbieten der verschiedensten Obst- und Gemüsesorten sowie von Wildgräsern und Wildkräutern – immer wieder, auch wenn es Jahre dauert, bis die Vögel eine Sorte anrühren. An der Form der Darreichung kann es ebenfalls liegen, wenn manche Vögel Frischfutter verschmähen. Statt das Futter nur klein geschnitten im Napf anzubieten, können Sie es auch in Scheiben geschnitten mit einer Wäscheklammer an der Sitzstange befestigen, als Gemüse-Frucht-Schaschlik am Spieß anbieten, Mais als ganzen Kolben reichen oder einen Zweig mit Beeren oder Früchten in den Käfig hängen. Vielleicht reizt die Beschäftigung mit dem Futter zum Fressen. Solange die Vögel kein oder nur wenig Grünzeug fressen, sollten Sie ein- oder zweimal pro Woche Vitaminpräparate über das Futter oder Trinkwasser verabreichen.

? Was sind Pellets? Kann ich sie verfüttern?
Pellets für Vögel bestehen aus so genanntem extrudiertem (speziell aufgeschlossenem) Körnerfutter, dem nachträglich die Vitamine und Mineralstoffe zugesetzt wurden, die dem reinen Körnerfutter fehlen. Daher sind die Pellets von der Zusammensetzung

Halb reife Sonnenblumenkerne, noch in der Blüte, sind Genuss und Zeitvertreib.

her ein echtes Alleinfutter und können ohne Futterergänzungen wie Obst, Grünzeug oder Mineralstoffe verfüttert werden. Nehmen Ihre Vögel kein Ergänzungsfutter an, kann die Verfütterung der Pellets sinnvoll sein, unter Umständen auch als Zusatzfutter zur normalen Körnerkost. Allerdings ist die reine Pelletfütterung umstritten, denn die Auswirkungen auf Verdauung und Psyche der Vögel bei langfristiger Verabreichung sind ungeklärt.

? Mein Vogel verliert alle seine Federn. Was kann das bedeuten?

Federverlust kann sehr viele verschiedene Ursachen haben. Viele Agaporniden rupfen sich selbst, z. B. psychisch bedingt durch Stress, falschen oder fehlenden Partner, falsche Haltung oder organisch bedingt durch eine Erkrankung innerer Organe. Auch Erkrankungen wie Hautpilze, Mangelerscheinungen (Vitamine, Mineralstoffe), Hormonstörungen (Schilddrüse, Geschlechtsorgane) oder bestimmte Viruserkrankungen (PBFD-Virus) können Rupfen oder anderweitigen Gefiederverlust verursachen. Nur eine genaue Untersuchung des Vogels durch einen vogelkundigen Tierarzt kann die Erklärung liefern!

? Mein Vogel fällt hin und wieder von der Stange, schlägt wild mit den Flügeln und dreht sich im Kreis. Kurz darauf verhält er sich wieder, als wäre nichts geschehen! Was ist das?

Solche Anfälle treten häufig bei etwas älteren oder geschwächten Agaporniden auf. Als Ursache kommt Verschiedenes in Frage, z. B. eine chronische Stoffwechselstörung (Leber, Niere), Herz-Kreislauf-Schwäche (Alter), Mangelerscheinungen, Vergiftungen oder Infektionen, die sich auf das zentrale Nervensystem auswirken. Bitte suchen Sie einen vogelerfahrenen Tierarzt auf, um die Ursache zu erforschen. Bei Kreislaufstörung oder Organschäden helfen homöopathische Mittel oft erstaunlich gut.

? Wie alt werden Unzertrennliche?

Die meisten Unzertrennlichen erreichen ein Alter von etwa 15 Jahren. Aber auch 18- bis 20-jährige Vögel gibt es ab und zu!

MEINE TIPPS FÜR SIE

Alexandra Broich

Was tun im Urlaub?

Auch mit Vögeln müssen Sie nicht auf Urlaub verzichten. Allerdings empfehle ich, sie zu Hause pflegen zu lassen.

- Suchen Sie frühzeitig nach einer Urlaubsbetreuung, die die Vögel zu sich nimmt oder bei Ihnen versorgt. Weisen Sie sie in alle zu erledigenden Arbeiten ein.
- Reinigen Sie vor Urlaubsantritt den Käfig und seine Einrichtung noch einmal gründlich, am besten zusammen mit der Urlaubsbetreuung.
- Zeigen und erklären Sie der Urlaubsbetreuung alle Futtersorten und Futterzusätze. Schreiben Sie den Futterplan auf.
- Stellen Sie sicher, dass für die Zeit Ihrer Abwesenheit Futter, Einstreu und ggf. Medikamente ausreichend vorhanden sind.
- Hinterlassen Sie Adresse und Telefonnummer des Vogeltierarztes und geben Sie bekannt, wie Sie selbst zu erreichen sind.

Beschäftigungs-Programm

Neugier wecken im Spiel

Neugier wecken – vor dieser Aufgabe stehen die Halter von Unzertrennlichen eigentlich nie, denn neugierig sind Agaporniden bereits von Natur aus. Wirklich zahm werden die meisten von ihnen allerdings nicht, doch allein schon die Beobachtung der kleinen Draufgänger wird nie langweilig.
Das größte Interesse haben Unzertrennliche naturgemäß an allen Dingen, die nicht niet- und nagelfest sind. Sie lassen nicht eher davon ab, bis sie alles streichholzklein zerlegt haben. Dann wird das Spiel langweilig. Halter von Unzertrennlichen sind also immer gefordert, sich nach neuem Spielzeug umzusehen!

TIPP

Spielspaß

- ➤ Gewöhnen Sie Ihre Vögel an Neuerungen. So werden sie auch Fremdes schnell erobern.
- ➤ Nicht jedes Spielzeug hält den Schnäbeln stand. Plastikspielzeug oder Glöckchen können zernagt und Teile davon verschluckt werden.
- ➤ Plastikvögel und Spiegel sind kein Spielzeug, sondern tierschutzwidrig.

Spielzeug aus dem Zoofachhandel

➤ Seile, Schaukeln, Ringe, Hängebrücken – je mehr es wackelt und schaukelt, desto größeren Spaß macht es. Auch der Gesundheit ihrer Füßchen dient es, und ganz nebenbei wird so die gesamte Muskulatur trainiert.

➤ Runde Heunester in unterschiedlicher Größe und Form, wie sie eigentlich für kleine Nager gedacht sind, werden gern erkundet und zerpflückt. Auch anderes Spielzeug für Nager wie Wippen, Schaukeln oder Röhren eignen sich für die Vögel.

➤ Röhren aus Naturkork sind als Abenteuer-Spielplatz passend für Unzertrennliche. Sie sind ein prima Versteck und Klettergerät – und benagen lassen sie sich auch noch.

Selbst erfundenes Spielzeug

➤ Bringen Sie Naturzweige nicht nur waagerecht als Sitzgelegenheit an (→ Foto Seite 53 Mitte), sondern befestigen Sie zusätzlich Zweigbündel senkrecht an den Seiten des Käfigs oder auch verkehrt herum von der Decke baumelnd. Sie werden staunen,

Gute Unterhaltung! Diese Sisalschaukel lässt sich auch noch beknabbern.

1 Maiskolben

Futter wie Mais können sich die Vögel erarbeiten, wenn Sie ihn im Ganzen anbieten. So werden sie nicht nur satt, sondern auch beschäftigt.

2 Beerenzweige

Geschickt turnen die Unzertrennlichen, um auch noch die letzte Beere zu ernten. Zusätzlich lässt sich der Zweig beknabbern und entrinden.

3 Futterschaukel

Bringen Sie Kolbenhirse oder andere Leckereien an kniffligen Stellen wie einer Schaukel an, so werden die Unzertrennlichen zu kleinen Akrobaten.

an welchen Schrägen Ihre Vögel noch problemlos landen und klettern können.

➤ Die Natur hat es eingerichtet, dass Zweige mehrmals im Jahr ihr Erscheinungsbild für die Vögel ändern: Sind es im Winter »nur« Rinde und Holz, die bespielt werden, so verlocken im Frühjahr Knospen und Blüten. Im Sommer und Herbst schließlich können Sie sich daran erfreuen, wenn Ihre Vögel im grünen Blätterwald turnen oder akrobatische Kunststückchen vollbringen, um auch noch die letzten Beeren zu ernten.

➤ Unzertrennliche spielen aber auch mit »Haushaltsgegenständen«. Leere Toiletten- oder Küchenpapierrollen eignen sich hervorragend zum Herumtragen, Herumrollen und letztendlich wieder zum Zerschreddern. Auch unbehandelte Weiden- oder Bastkränze oder -körbchen sind überaus beliebt – und erleiden früher oder später das gleiche Schicksal wie Zweige und Papprollen.

»Gefundenes« Fressen

➤ Gitterbälle (Zoofachhandel), gespickt mit Kolbenhirse, Salat, Kräutern oder Vogelmiere, lassen sich von den Vögeln erobern und »erlegen«. Zusätzlich sorgen sie für mehr Bewegung.

➤ Papprollen (→ oben) können mit Kolbenhirse oder anderen Leckerchen gefüllt werden, so dass sich die Vögel die Snacks vor dem Verzehr zuerst erarbeiten müssen.

➤ Futtersuche hält schlank und macht fit. Streuen Sie deshalb auch etwas Futter auf den Boden oder vermischen Sie die Körner in einer flachen Schale mit Buchenholzgranulat oder Sand. Oder verstecken Sie Leckereien immer wieder an anderen Stellen.

➤ Im Blumentopf gezogenes Grünfutter können Sie in den Käfig stellen. Die Vögel werden sich begeistert darüber hermachen und das Grünzeug ernten; danach können Sie es weiterzüchten. Geeignet sind vor allem Vogelmiere, verschiedene Getreidearten, Gräser oder Hirsearten.

Ausflug im Zimmer

Freiflug ist für alle in Käfigen oder Zimmervolieren gehaltenen Vögel ein absolutes Muss. Denn kaum ein Vogelheim ist so groß, dass die Vögel ohne Freiflug auskommen. Richtiges Fliegen mit viel Schwung, das den Stoffwechsel anregt und den Kreislauf auf Touren bringt, geht eben erst ab einer Strecke von ein paar Metern.

Im Zimmer unterwegs: Vor den neugierigen Rosenköpfchen ist nichts sicher.

Vor dem ersten Freiflug

Neu eingezogene Agaporniden sollten ein paar Tage Zeit bekommen, um sich an den neuen Käfig und den neuen Pfleger zu gewöhnen, bevor sie das erste Mal durchs Zimmer düsen dürfen. In dieser Zeit können sie sich bereits aus dem Käfiginneren heraus ihre neue Umgebung einprägen. Für die ersten Flugstunden sollten Sie sich als Halter viel Zeit nehmen, denn es mag ein Weilchen dauern, bis die Vögel den Weg aus dem Käfig heraus und umgekehrt auch wieder hinein finden.

Und los geht's

Ist das Zimmer auf mögliche Gefahrenquellen hin überprüft (→ Checkliste rechts) und sind wertvolle Einrichtungsgegenstände in Sicherheit gebracht, können Sie das Türchen des Vogelkäfigs öffnen. Meist dauert es nur wenige Minuten, bis die Vögel die Öffnung finden. Ansonsten können Sie anfangs mit etwas Kolbenhirse direkt vor dem Türchen nachhelfen. Die ersten Landungen im Zimmer verlaufen oft etwas holprig – schließlich sind die Vögel bislang nur das Landen an Ästen und Seilen gewohnt, nicht aber an senkrechten Flächen wie Wänden oder an Vorhängen. Doch schon bald ist kein Platz mehr vor den Unzertrennlichen sicher – gelandet wird an Vorhängen, Tapeten, Holzverkleidungen, in (Bücher!)-Regalen und auf Lampen. So mancher Vogelbesitzer hat sich gewundert, welche vermeintlich unzugänglichen Stellen von seinen Vögeln nach und nach »verschönert« wurden. Dunkle Nischen in Schränken oder Regalen sollten die Tiere im Zimmer nicht vorfinden, denn solche Plätze dienen schnell als Bruthöhle!

Den Freiflug lenken: Um die Aufenthaltsorte der Vögel während des Freiflugs in geordneten Bahnen zu halten, können Sie dort, wo sich die Tiere bevorzugt aufhalten sollen, einen oder mehrere Kletterbäume, Hänge-Freisitze oder Spielplätze aufstellen bzw. unter die Decke hängen. Zum Anlocken spicken Sie

Haben Unzertrennliche ihre Scheu verloren, wird während des Freiflugs alles untersucht und auf seine Bespielbarkeit geprüft.

den Spielplatz oder Kletterbaum einfach mit Kolbenhirse, Grünfutter oder mit anderen Knabbereien!

➤ Spielplätze kann man kaufen oder selbst bauen. Sie bestehen aus mehreren miteinander verbundenen Stangen und Leitern, die auf einem Holzbrett mit Rand montiert sind. Sitzen die Vögel darauf, wird der Kot automatisch aufgefangen und die Wohnung geschont.

➤ Das gleiche Prinzip erfüllt ein Kletterbaum. Um solch einen individuellen Baum zu kreieren, gipsen Sie große, lange, stabile Äste oder kleine Stämme in einem großen Eimer oder Pflanztopf ein und füllen als oberste Schicht etwas Sand auf. An den Trägerästen können Sie dann nach Belieben Seile, Schaukeln oder dünnere Äste als Querverbindungen montieren. Abends, wenn der Hunger kommt, möchten die Unzertrennlichen zurück in den Käfig. Finden sie das offene Türchen nicht auf Anhieb, können eine dort montierte Anflugstange und ein Stück Hirse im Eingangsbereich helfen (→ auch Seite 56).

CHECKLISTE

Gefahren beim Freiflug

- ✔ Fensterscheiben: Unerfahrene Vögel fliegen dagegen, deshalb Scheiben verhängen oder bekleben und allmählich immer weiter freilegen.
- ✔ Offene oder gekippte Fenster: Gefahr des Entfliegens oder Einklemmens.
- ✔ Spalten hinter Schränken, Regalen: Neugierige Vögel können stecken bleiben.
- ✔ Heiße Herdplatten, Töpfe, die heiße Flüssigkeit enthalten: Verbrennungsgefahr!
- ✔ Offene Türen: Ein Vogel könnte beim Schließen eingequetscht werden!
- ✔ Flüssigkeitsgefüllte, aber auch leere, enghalsige Behälter: Die Vögel können hineinrutschen!
- ✔ Giftige Zimmerpflanzen: Vergiftungsgefahr (→ Seite 57).
- ✔ Quecksilberthermometer, Bleiglas, Bleischnüre in Gardinen: Vergiftungsgefahr durch Fressen!
- ✔ Kochdunst, Putz- und Waschmittel, Lösungsmittel, Zigarettenrauch und Teflondämpfe: Sie sind eingeatmet giftig für Vögel. Daher nicht in der Küche fliegen lassen.
- ✔ Spitze Gegenstände wie Kaktusstacheln, Nadeln etc.: Verletzungsgefahr bei Berührung oder Verschlucken!

Fragen rund um den Freiflug

? Wie locke ich meine Agaporniden nach dem Freiflug zurück in den Käfig?

Die meisten Vögel gehen ganz von allein zurück in ihren Käfig – spätestens dann, wenn sie Hunger haben. Dies funktioniert natürlich nur, wenn sie außerhalb des Käfigs kein Futter vorfinden, an dem sie sich bedienen können! Bleibt der Käfig während des Freiflugs verschlossen und man hängt dann eine Kolbenhirse hinein, so dauert es meist nicht lang, bis die Vögel sich auf den Weg zum begehrten Leckerbissen machen. Allerdings lernen manche Vogelpärchen schnell, dass die Käfigtür während des Fressens nicht hinter ihnen geschlossen wird, wenn man abwechselnd zum Futternapf marschiert! In solch hartnäckigen Fällen hilft fast nur das abendliche vorsichtige Fangen der Vögel mit einem Kescher, denn unbeaufsichtigt sollten sich die Tiere nie außerhalb des Käfigs frei in der Wohnung bewegen dürfen. Um das Keschern zu umgehen, sollten Sie geduldig die Vögel darauf trainieren, den Käfig dann wieder aufzusuchen, wann Sie es möchten. Dirigieren Sie dazu die Unzertrennlichen vorsichtig mit dem ausgestreckten Arm oder einem den Arm verlängernden Gegenstand in Richtung Käfigtür. Eigentlich alle Unzertrennlichen begreifen nach ein paar Wochen, dass dies »ab nach Hause« bedeutet!

? Mein Vogel ist entflogen. Gibt es eine Chance, dass er zurückkommt?

Befindet sich der Entflogene noch in der Nähe Ihres Hauses, sollten Sie den Käfig mit dem (hoffentlich rufenden) Partnervogel so aufstellen, dass der Entflogene möglicherweise angelockt wird und zurückkommt. Oder Sie stellen einen zweiten Käfig auf und deponieren dort Leckereien wie Kolbenhirse. Dann brauchen Sie auf jeden Fall ein paar Tage Geduld – manchmal kommt der Ausreißer wieder zurück. In der Zwischenzeit sollten Sie den Verlust melden: im Tierheim, im Internet, per Aushang an Bäumen oder in Geschäften. Trägt der Vogel einen Ring, können Sie ihn über den ZZF suchen lassen (→ Seite 60).

Freiflug macht durstig. Täglich frisches Wasser ist für alle Unzertrennlichen ein Muss.

Und wenn nichts hilft – der verbleibende Vogel braucht auf jeden Fall wieder einen neuen Partner!

? Dürfen Unzertrennliche zusammen mit anderen Vogelarten frei im Zimmer fliegen?

Unter der Voraussetzung, dass allen Tieren genug Ausweichmöglichkeit zur Verfügung steht und dass die Agaporniden im Vergleich zu den anderen Arten nicht in der Überzahl sind, können Sie den gemeinsamen Freiflug der verschiedenen Arten wagen. Sie sollten die Vögel aber während der gesamten Zeit des Freiflugs beaufsichtigen.

? Kann ich mir die Eingewöhnung der Vögel ersparen, wenn ich mir zahme, vielleicht sogar von Hand aufgezogene Agaporniden kaufe?

Anders als bei den meisten großen Papageien findet man eher selten handaufgezogene Agaporniden, denn der Aufwand für eine Handaufzucht steht bei den kleinen Papageien in keinem Verhältnis zum zu erzielenden Verkaufspreis. Das ist auch gut so, denn die gezielte Handaufzucht hat für die Vögel viele negative Seiten. Zum einen birgt sie Gefahren wie Schlundverbrennungen (durch zu heißen Futterbrei) oder Mangelernährung, zum anderen neigen zahme Agaporniden mehr als andere Papageien zu psychischen Störungen wie Aggressivität, Federrupfen oder Dauerlegen.

? Welche Zimmerpflanzen sind für Agaporniden giftig?

Unter anderem sollten Sie auf folgende Zierpflanzen in der Vogelbehausung verzichten: Adonisröschen, Alpenveilchen, Anemonen, Becherprimel, Brechnussbaum, Christrose, Dieffenbachie, Drachenbaum, Efeu, Eibe, Eisenhut, Fensterblatt, Fingerhut, Fleißiges Lieschen, Goldregen, Herbstzeitlose, Hyazinthen, Immergrün, Korallenbeere, Liguster, Maiglöckchen, Märzenbecher, Mistel, Narzissen, Oleander, Primeln, Rittersporn, Seidelbast, Stechpalme, Waldrebe, Weihnachtsstern, Yuccapalme. Vorsicht ist auch bei gedüngter Blumenerde geboten, die durch die Feuchtigkeit Schimmelpilzsporen enthalten kann!

MEINE TIPPS FÜR SIE

Alexandra Broich

Attraktiver Freiflug

- Bieten Sie während des Freiflugs viel Nagematerial an – mit etwas Glück bleibt so die Einrichtung von den Vogelschnäbeln weitestgehend verschont. Wertvolles Mobiliar sollten Sie trotzdem besser in Sicherheit bringen oder abdecken!
- Wenn Sie einen Hängespielplatz direkt vor dem Fenster postieren, wird dies bestimmt der Lieblingsplatz der Vögel zum Hinausschauen und Beobachten!
- Grün- oder Zimmerlilien sind für die Vögel ungiftig und dürfen benagt werden. Da sie schnell nachwachsen, sind sie »die« Zimmerpflanze für Vogelhalter.
- Manche Unzertrennliche baden außerhalb des Käfigs gern unter dem Wasserhahn oder mögen es, mit einer Blumenspritze abgeduscht zu werden.
- Alte Vögel, die nicht mehr gut fliegen, benötigen Brücken und Verbindungen, um zu Fuß zu Kletterbaum oder Spielplatz zu kommen.

Halbfett gesetzte Seitenzahlen verweisen auf Abbildungen, U = Umschlagseite.

Adressen

Verbände/Vereine

➤ Vereinigung für Artenschutz, Vogelhaltung und Vogelzucht e. V. (AZ), PF 11 68, D-71501 Backnang (nur schriftliche Anfragen) www.azvogelzucht.de

➤ Vereinigung für Zucht und Erhalt einheimischer und fremdländischer Vögel e.V. (VZE), Geschäftsstelle: Bornaische Str. 210, D-04279 Leipzig, www.vze-online.net

➤ Blauer Kreis, Zoologische Gesellschaft Österreichs für Tier- und Artenschutz, Schadekgasse 6, A-1060 Wien

➤ Exotis, Schweizerischer Verband für Zucht und Pflege exotischer Vögel, Dorfstr. 33, CH-3364 Seeberg

Hier erhalten Sie die Anschriften von Vogelklubs und -vereinen in Ihrer Nähe.

➤ Bundesverband für fachgerechten Natur- und Artenschutz (BNA), Ostendstr. 4, D-76707 Hambrücken www.bna-ev.de

Agaporniden im Internet

Praxistipps und Informationen zu Pflege, Ernährung und Gesundheit der Agaporniden, Tierärzte, Buchtipps, Adressen von Züchtern, Vereinen und Klubs finden Sie auf diesen Internetseiten:

➤ www.papageien.org
➤ www.vogelforen.de
➤ www.bfn.de
➤ www.unzertrennliche.net
➤ www.agapornis.ch
➤ www.agaporniden.de
➤ www.agaporniden-in-not.de
➤ www.tierschutz-tvt.de

Fragen zur Haltung von Unzertrennlichen beantworten

Ihr Zoofachhändler und der Zentralverband Zoologischer Fachbetriebe Deutschlands e. V. (ZZF), Tel.: 06 11/44 75 53 32 (nur telefonische Auskunft möglich: Mo 12-16 Uhr, Do 8-12 Uhr), www.zzf.de

Der ZZF hat einen bundesweiten Suchdienst für entflogene Vögel eingerichtet. Alle beringten Vögel können an der Ringnummer identifiziert und dem Besitzer zugeordnet werden.

Bücher

➤ Lantermann, W.: Agaporniden. Unzertrennliche artgerecht halten und züchten. Oertel + Spörer Verlag, Reutlingen

➤ Lantermann, W.: Verhaltensstörungen bei Papageien. Enke Verlag, Stuttgart

➤ Quinten, D.: Ziervogelkrankheiten. Ulmer Verlag, Stuttgart

Zeitschriften

➤ WP-Magazin, Europas größte Zeitschrift für Vogelhalter. Arndt Verlag, Bretten

➤ AZ Nachrichten. Zeitschrift für Mitglieder der Vereinigung für Artenschutz, Vogelhaltung und Vogelzucht (→ Adressen)

➤ Gefiederte Welt. Ulmer Verlag, Stuttgart

➤ Die Voliere. Verlag M. & H. Schaper, Hannover

AN UNSERE LESER

➤ Gehen Sie mit Ihren Vögeln schon bei den ersten Anzeichen einer Erkrankung zum Tierarzt.

➤ Wer allergisch auf Federn oder Federstaub reagiert, sollte keine Vögel halten. Fragen Sie vor der Anschaffung Ihren Hausarzt.

➤ Suchen Sie bei einer Erkältung Ihren Arzt auf und weisen Sie ihn auf die Vogelhaltung hin.

➤ Agaporniden haben eine laute Stimme. Informieren Sie Ihre Nachbarn vor dem Kauf darüber.

Die Autorin

Dr. Alexandra Broich, Tierärztin, hält seit 1991 selbst mehrere Unzertrennliche. Durch Praktika in verschiedenen Vogelpraxen angeregt, gründete sie 2001 den Verein Agaporniden in Not e.V. Seit 2002 arbeitet sie als beratende Tierärztin für einen auf Vögel und Nager spezialisierten Futtermittelhandel. Sie ist aktives Mitglied in der Tierärztlichen Vereinigung für Tierschutz (TVT).

Der Fotograf

Oliver Giel hat sich erfolgreich auf die Natur- und Tierfotografie spezialisiert.
Reinhard: 11 u. re.;
Juniors/Steimer: 10 li., 11 u. li.;
Juniors/Wegner: 11 u. mi.

Impressum

© 2004 GRÄFE UND UNZER VERLAG GmbH, München. Alle Rechte vorbehalten. Nachdruck, auch auszugsweise, sowie Verbreitung durch Bild, Funk, Fernsehen und Internet, durch fotomechanische Wiedergabe, Tonträger und Datenverarbeitungssysteme jeder Art nur mit schriftlicher Genehmigung des Verlages.

Redaktion: Nicole Biermann
Lektorat: Angelika Lang
Layout: independent Medien-Design, München
Satz: Uhl + Massopust, Aalen
Produktion: Bettina Häfele
Repro: Longo AG, Bozen
Druck und Bindung: Kaufmann, Lahr
Printed in Germany

ISBN 978-3-7742-6410-6

4. Auflage 2008

GRÄFE UND UNZER

Ein Unternehmen der
GANSKE VERLAGSGRUPPE

Unsere Garantie

Alle Informationen in diesem Ratgeber sind sorgfältig und gewissenhaft geprüft. Sollte dennoch einmal ein Fehler enthalten sein, schicken Sie uns das Buch mit dem entsprechenden Hinweis an unseren Leserservice zurück. Wir tauschen Ihnen den GU-Ratgeber gegen einen anderen zum gleichen oder ähnlichen Thema um.

Liebe Leserin und lieber Leser,

wir freuen uns, dass Sie sich für ein GU-Buch entschieden haben. Mit Ihrem Kauf setzen Sie auf die Qualität, Kompetenz und Aktualität unserer Ratgeber. Dafür sagen wir Danke! Wir wollen als führender Ratgeberverlag noch besser werden. Daher ist uns Ihre Meinung wichtig. Bitte senden Sie uns Ihre Anregungen, Ihre Kritik oder Ihr Lob zu unseren Büchern. Haben Sie Fragen oder benötigen Sie weiteren Rat zum Thema? Wir freuen uns auf Ihre Nachricht!

Wir sind für Sie da!
Montag – Donnerstag: 8.00 – 18.00 Uhr;
Freitag: 8.00 – 16.00 Uhr
Tel.: 0180 - 5 00 50 54*
Fax: 0180 - 5 01 20 54*
E-Mail:
leserservice@graefe-und-unzer.de

*(0,14 €/Min. aus dem dt. Festnetz/ Mobilfunkpreise können abweichen.)

P.S.: Wollen Sie noch mehr Aktuelles von GU wissen, dann abonnieren Sie doch unseren kostenlosen GU-Online-Newsletter und/oder unsere kostenlosen Kundenmagazine.

GRÄFE UND UNZER VERLAG
Leserservice
Postfach 86 03 13
81630 München

Meine Agaporniden

Name: ______________________

So füttere ich sie:

____

____

____

Lieblingsspiele und Spielzeug:

____

____

____

So wollen sie gepflegt werden:

____

____

____

Das sind ihre Eigenheiten:

____

____

____

Besondere Kennzeichen:

____

____

____

Das ist ihr Tierarzt:

____

____

____

Freude am Tier

Die neuen Tierratgeber – da steckt mehr drin

ISBN 978-3-8338-0579-0
64 Seiten

ISBN 978-3-8338-0524-0
64 Seiten

ISBN 978-3-8338-0520-2
64 Seiten

Preis je Band: 7,90 €

ISBN 978-3-8338-0526-4
64 Seiten

ISBN 978-3-8338-0522-6
64 Seiten

ISBN 978-3-8338-0582-0
64 Seiten

Das macht sie so besonders:

Praxiswissen kompakt – vermittelt von GU-Tierexperten

Praktische Klappen – alle Infos auf einen Blick

Die 10 GU-Erfolgstipps – so fühlt sich Ihr Tier wohl

GU

Willkommen im Leben.

Änderungen und Irrtum vorbehalten.

Wohlfühl-Garantie für Unzertrennliche

FITNESS-PROGRAMM

Alle Unzertrennlichen, die in Wohnungen gehalten werden, benötigen zusätzlichen **Freiflug** in der Wohnung. Nur Tiere, die regelmäßig fliegen dürfen, bleiben **gesund und fit**. Volieren für die Außenhaltung müssen eine Länge von mehreren Metern aufweisen, damit sie den Vögeln das ganze Jahr über gerecht werden.

GESUNDFUTTER

Dies ist eine abwechslungsreiche Körnermischung mit wenig Fett, ergänzt mit Vitaminen und Mineralstoffen. Von A wie Apfel bis Z wie Zucchini bereichern **Obst und Gemüse** den Futtertisch. Wildkräuter sind nicht nur Futter, sondern auch Beschäftigung. Kalk- und Mineralsteine machen die Mahlzeit komplett.

SONNENBAD

Helligkeit und Licht sind wichtig. Erst das ungefilterte **Sonnenlicht** mit UV-Anteil setzt die Vogelwelt ins richtige Licht. Eine Außenvoliere, ein Käfigplatz am geöffneten Fenster während der warmen Jahreszeit und eine **Tageslichtlampe** im Winter sind ideal.

NIEMALS ALLEIN

Unzertrennliche benötigen einen Artgenossen als **liebevollen Vogelpartner**. Stirbt ei Partner, ist unbedingt für passenden Ersatz zu sorgen. Reizvoll ist auch die Haltung der Agaporniden in einer kleinen **Gruppe** – aber auc hier gilt: immer nur paarweise!